U0855859

嫁给爱情

亲密关系的真相

〔日〕宗像恒次 著

杨文洁 译

中国妇女出版社

图书在版编目（CIP）数据

嫁给爱情：亲密关系的真相 /（日）宗像恒次著；杨文洁译. -- 北京 ：中国妇女出版社，2018.8
ISBN 978-7-5127-1600-1

Ⅰ.①嫁… Ⅱ.①宗…②杨… Ⅲ.①爱情－通俗读物 Ⅳ.①C913.1-49

中国版本图书馆CIP数据核字（2018）第114252号

著作权合同登记号 图字：01-2018-3171

嫁给爱情——亲密关系的真相

作　　者：〔日〕宗像恒次 著 杨文洁 译
责任编辑：王 琳
封面设计：尚世视觉
责任印制：王卫东
出版发行：中国妇女出版社
地　　址：北京市东城区史家胡同甲24号　　邮政编码：100010
电　　话：（010）65133160（发行部）　　65133161（邮购）
网　　址：www.womenbooks.cn
法律顾问：北京市道可特律师事务所
经　　销：各地新华书店
印　　刷：北京通州皇家印刷厂
开　　本：150×215　1/16
印　　张：14
字　　数：160千字
版　　次：2018年8月第1版
印　　次：2018年8月第1次
书　　号：ISBN 978-7-5127-1600-1
定　　价：48.00元

译者序

10年前，当我在日本捧起这本教人如何聪明地恋爱、幸福地结婚的书时，我内心的忐忑似乎被照得一清二楚：彼时正是我的婚姻瓶颈期，最初的甜蜜早已被一地鸡毛取代。

生活中，恋爱和婚姻的各种瓶颈并不少见：伴随着面红耳赤的大声争吵，司空见惯的冷漠和麻木，令人发疯的惴惴不安，抑或是心烦胸闷的压抑与愤怒。谁不想过琴瑟和谐、相敬如宾的日子，可是当梦想照进现实，才发现生活原本的模样。我不是没有恋爱的经验，也不是被迫跟眼前这个人结婚。然而，恰恰是当初相互欣赏的地方，到头来变成彼此最无法忍受的缺点："你怎么就不能妥协一下呢？""你怎么就不能改变一点儿呢？"万般无奈汇成一句话："你怎么就是不理解我呢？"

劫生缘起，真正去理解一个人谈何容易？在任何一段关系中，我们都在无意识地追求对方的理解，以至于很多时候，我们都忘了要去理解对方。然而，人与人是如此不同，甚至有时我们连自己都不理解。美国婚恋专家温格·朱利曾说过，在这个世界上，即使是最幸福的婚姻，一生中也会有200次离婚的念头和50次掐死对方的想法。怎样才能找到一把密匙，去开启相互理解的大门呢？

在焦虑和迷茫中，我背水一战，考上了日本国立筑波大学，幸运地遇到了宗像恒次教授，以及由他研发的SAT心理疗法。我如饥似渴地阅读了他的各种著作，并被本书深深吸引了。

人类个性的不同，其实是大脑以及DNA的不同所决定的。每种气质皆十分独特，不同气质的人近距离相处，确实容易产生人际关系障碍。和不同DNA气质的人相处，就好比和外星人相处一样，对方看待你的方式，很可能“超乎你的想象”。其实，从自然界的种属保存法则而言，不同DNA气质的组合确实是最强组合。生物学认为，人类具有特意选择与自己DNA气质不同的人作为结婚对象的倾向。生物为了让子孙后代更好地存活并得以延续，本能上会不断追求发展自身基因的多样性。因此，为了与未来的生命进行链接，夫妻双方都被赋予了相互吸引、互相磨合的命运。

另外，人类的大脑，在生物进化的过程中形成三个层次，分别掌管着生命的根本、情绪活动以及知性和理性。人类之所以是烦恼最多的动物，就是因为这三层脑经常产生冲突。因此，人类生活的宿命之一，就是要把这三层朝不同方向行进的脑，不断地进行巧妙的折中和妥协。这三层脑的冲突，不久就会出现相互尊重、摩擦渐渐减少的局面，我们把这个过程称为“成长”。

本书的目的原本是为那些恋爱反复失败、难以走进婚姻殿堂的青年男女指点迷津，读完后，我才发现对于已经进入婚姻围城、被双方所谓的“性格不合”折磨得不能自已的已婚人士，同样适用。

在本书中，宗像教授化身循循善诱的婚恋导师，从分析恋爱失败类型开始，到揭示DNA遗传基因及人类大脑的本质，接着给读者直截了当的诊断——你的DNA气质是什么？你的特征、生活方式、恋爱模式可能是什么样子的？如何弥补你的弱点来与对方相处？紧接着进一步开出个性化的处方——怎样组合才能成就“好伴侣关系”？另外，在现有组合状态下，对伴侣应该持有怎样的“合理期待”？最后给出一个找对象的明确标准——千万不要以追求100%满意为目标，只要对方的性格、外表、生活能力各方面的满意度都能达到70%的程度，就能导向幸福的婚姻。最终的章节是每天都可以参照执行的行动实践指南，所有的行动都直指本书的终极目标——找回本来的自己，发展结婚体质。

读罢，掩卷沉思良久。本以为恋爱和结婚都是水到渠成，也看多了周围人分手或离婚，大抵都可以推给“遇人不淑”。只有在不断地碰壁，痛定思痛之后才知道，原来恋爱和结婚才最需要学习。与伴侣的亲密关系，直接决定我们后半生的幸福指数，甚至直接影响下一代的健康成长。为此努力，值得!

当我的婚姻经营到第七个年头时，我确信自己体会到了婚姻中理应有的、我一直在追求的幸福。在这种感觉的指引下，我在婚姻进行到第十三年时，迎来了人生中最珍贵的礼物——宝贝女儿。感谢我的丈夫，给了我再次成为妈妈的勇气，此时我们的儿子都已经12岁了。

这就是我与本书结缘、与SAT疗法结缘的故事。

感恩生命中能遇到恩师宗像恒次教授，他是日本著名的心理学家、保健学家。由他研发的SAT疗法，又称结构化联想法（Structured Association Therapy，SAT）：利用建构好（Structured）的程序，激活来访者的闪现、直觉等右脑活动（Association），提升其知觉和判断力，促使其达成问题解决及自我成长的技法（Therapy）。该疗法结合脑科学、细胞学、物理学、免疫学、心理学的知识，经过宗像教授40年的临床研究与验证，不但有效应用于心理咨询领域，解决人的压力、情感、人际、抑郁、焦虑等方面的困扰，也被用于对糖尿病、癌症等慢性病的健康咨询。本书涉及的DNA气质理论，就属于SAT疗法理论体系中最基础的一环。临床应用SAT疗法的实证研究，多数经由日本健康咨询学会、日本精神保健社会学会等专业学术机构发表。由健康咨询学会认定颁发的SAT心理治疗师资格证，作为日本厚生劳动省公认的“精神健康对策、过重劳动对策、自杀预防对策等相关资格”之一，被广泛认可。这是一门有效性及安全性都得到了充分确认的技法。截至目前，在日本参加SAT疗法资格证相关研修的学员，已逾3万人，他们在社会各界实践着该方法，取得了卓越的临床效果。例如，东京某著名食品企业的产业医生发表了一项为期3年的追踪调查研究，报告了该企业被诊断为抑郁症的数名职员，在接受SAT疗法治疗后的3年间抑郁症未再复发的情况。

宗像恒次教授荣誉无数。他曾荣获日本21世纪杰出人物贡献奖，日本21世纪杰出心理学贡献奖，世界前100位健康教育专家称号，入选《世界权威名人录》等。就在刚刚过去的2017

年，因为其研究的科学独创性及有效性，获颁Albert Nelson Marquis终身成就奖。能成为这样一位大师的弟子，耳濡目染大师的人格魅力，且得到他的倾囊相授，我深感三生有幸。

感谢宗像教授对我的信任，把本书交给我翻译，希望我能做到不辱使命。感谢老师对于本书出版所给予的无私支持，他免去了本书的版税，只希望中国更多的年轻人能从书中获益，做回自己，找寻到自己“命运爱”的伴侣，体验两性相处的智慧和美好，体会生命的丰盛和喜悦。

本书的译校得力于郭卿女士的鼎力相助。在忙碌的工作之余，她牺牲了大量的休息时间，字斟句酌、反复推敲，让原文更加流畅易懂。在一起学习和传播SAT疗法的若干年里，她严谨的态度和敬业精神，不断鞭策着我，也影响着周围的人，在此深表感谢！感谢我的同窗好姐妹胡文燕博士在本书初译过程中对我的温暖支持。感谢我所有的家人，尤其是公公秦庆堂先生和婆婆陈秀菊女士，没有他们的无私付出，在女儿尚且嗷嗷待哺的日子里，我不可能有时间从事自己真正喜欢的事业。

最后，非常荣幸本书能由中国妇女出版社出版，感谢出版社对本书出版给予的大力支持。当然，最应该感谢的是亲爱的读者朋友们，感谢你对本书的厚爱！

杨文洁

2018年于昆明

序

尊敬的读者，当你手捧此书的时候，你对“结婚”有着怎样的想法呢?

2005年，我受到一家专业婚恋服务机构的邀请，开始了专门针对婚恋问题的心理咨询。来找我做咨询的人当中，有以下烦恼的不在少数：“虽然每周都能遇到很多人，但实在碰不到真正适合的啊！”

因为人们追求的“相遇”是“命运之遇”，以结婚为前提的人，大多都会以相当严肃、认真的态度来对待与“白马王子”的相遇。我并不认为这有什么错，只是在这之前有一件事必须解决，那就是发现“本来的自己”。

我的研究领域是行动科学，平时研究的是社会、心理以及身体的关系。基于脑神经与免疫、遗传基因的发现等原理，我研发了SAT疗法。使用这种新型的心理疗法，不但可以帮助人们消除各种各样的烦恼，也能预防及治疗诸如抑郁症和癌症等慢性压力病。

SAT疗法，能够促使人回归到“本来的自己”的生活方式上，从根本上切断产生烦恼及问题的压力源。实际上，大脑及DNA（脱氧核糖核酸）当中，存在着大量的、日常生活中无法察觉到的潜在信息。治愈这其中的压力信息，就能让人意识到自己平时的生活方式容易制造出压力。在接受咨询时，求助者知道了自身存在着多样的DNA信息（DNA气质），学会活用这些气质的方法，不仅能治愈自身，还能习得与周围人愉快相处之道。

在此暂且不提科学原理，简而言之，SAT疗法能让人的生活方式朝着愉悦的方向转变，也就是说它可以把充满压力、烦恼的生活变得充满喜悦。

烦恼的人们都存在一些共性问题：他们不遵循自身的DNA信息，反而去重视一些错误的信息，过着与“本来的自己”背道而驰的生活方式。而这些问题，恰恰是以大脑的前额叶部位发达为特征的人类所共有的：**即便我们自身就拥有DNA遗传信息，但很多人依然认为通过别人的目光看到的自己才是真实的。**正是如此，很多人更在意别人对自己的评价，停止了对自己的思考。但要是真能自欺欺人也就罢了，可悲的是，就算本人没有意识到，这种压抑“本来的自己”的生活方式，也会在内心深处积攒压力。这些压力正是疾病和烦恼产生的原因。

言归正传，接受SAT疗法婚恋咨询的第一个女性来访者，在咨询后的第三个月就有了好的结果。咨询时，她所述的烦恼是，自己已经重复了很多次同样类型的失恋，也想过要结束这种痛苦的恋爱，但最终还是只会喜欢上相同类型的人。对于接下来该怎么办，她始终找不到头绪。

在咨询中，我使用了专门的心理检测量表，检测出她自身特有的DNA气质类型，从这里开始了探索“本来的自己”的旅程。接着，让她逐渐意识到遵循“本来的自己”的生活方式应该是怎样的。从那以后，她没过多久就遇到了对她来说真正重要的那个人。

对“结婚”这个现实问题来说，最简单也最确实的方法，就是知道“本来的自己”。只要能够明确自己的DNA气质，基本上就能达到这个目标。一旦知道了自己的DNA气质，请一定学会活用优点、弥补弱点。只要能够找到“本来的自己”，就一定能够与那个“白马王子”相遇。

宗像恒次

目　录

分析

第一章

为什么不能与“白马王子”相遇

从恋爱倾向开始分析“本来的你”

这章的内容是分析恋爱习性以及失恋习性。如果想先检测自身DNA气质，也可以直接跳到第三章阅读。

一般来说，要达成结婚这个目标，有必要先经历谈恋爱这个阶段。有人说：“倒是也有一些草草了事的与异性见面的机会，但都达不到可以谈恋爱的程度。”也有人感慨，虽然恋爱过程不错，但似乎很难再向前一步迈入婚姻的殿堂。

虽然周围的同龄女性朋友时不时就有人若无其事地宣布“我已经有心上人了”“要结婚啰”……搞得好像跨栏赛跑一样争先恐后，但相信也有些人会觉得结婚与自己无关。

能够顺利地将恋爱发展至结婚的人，与那些总是难以到达结婚这一步的人相比，到底在什么地方有差异呢?

其实，每个人都有与生俱来的气质类型，这就是**个性的基础、具备遗传和心理属性的DNA气质。具有相同DNA气质的人，其恋爱习性也大体相同。**迄今为止，你曾与什么类型的人谈过恋爱？经历过怎样的失恋？仔细回想起来，你是否也在重复着相同的恋爱和失恋模式呢?

拥有单相思习性、失恋习性的人，主动摆脱这一习性是很有必要的。那么，接下来就分析一下你自身的恋爱习性吧。

类型1：总是不由自主地喜欢上有出轨倾向的人

虽然很快就交到了男朋友，但却没办法达到结婚的程度。小A就是拥有类似烦恼的人。

“男朋友比我大5岁。我在某贸易公司的接待处工作，他是个摄影师，总是跟我讲很多我未知世界里的事。与公司里的其他男性不同，他见多识广、理想远大，真的很有魅力。但是，他的恋人好像不止我一个。为此，我也曾痛恨并指责过他，抛出‘难道我只能选你当男朋友吗’之类的怨言。但只要一说到‘出轨’在男人与女人之间的差别，我好像就能接受，进而原谅他。可结果每次都是很快就感到懊悔、气愤……总是在重复相同的过程。”

在第三章，我会更加详细地说明，有一种气质正是像小A的男友这样容易出轨的气质。每次出轨被识破后，他是不是都带着哭腔、严肃认真地向你发誓“绝对不会有第二次”？在这样的保证之下，你是不是不由自主地就选择相信他？但是，很快你就会再次听到“我看到你男朋友与一个漂亮女生吃饭”之类的绯闻。够了，够了，太累了，分手吧！但为什么你这么想跟他分手，结果却总是分不了呢？

这其中有深层次的理由，与你自身没有察觉到的DNA气质以及世代相传的（由祖先传下来，也将会向子孙传递下去）天生的习性相关。随着你深入阅读本书，你就将渐渐明白。

也不管你这边是否方便，一个电话就能把你叫出来；一旦他不开心就不再跟你说话；仅仅甩下一句“再联络”，就消失两三周，压根无视你的存在……持续如此这般的交往状态，渐渐感到疲惫不堪的，应该大有人在吧?！大概是自己不受对方重视吧?！

重复着忽略对方感受的恋爱模式的人，是拥有“循环气质（主角型）”的人。

类型2：在意周围人的评价

在拥有循环气质（主角型）的人当中，由于太在意周围人的评价，而难以选定结婚对象的大有人在。

比如，非得是一流大学毕业，要么医生，要么律师，或者非得是一流企业的职员、年收入必须达1000万日元[1]以上；如果是家中的长男，要承担的责任太大，不行；与父母一起住的实在太麻烦，也不要……甚至设定诸如非豪门不嫁的社会高标准。**然而，这个是你的愿望呢，还是你家人的愿望？**

出身于曾经的名门望族却又家道中落的女孩，很多都被家长强迫去和世代都是“三高”[2]的人结婚。这其中存在有可能会对婚姻产生疑惑的人，也存在被迫通过寻找结婚对象来实现父母未了心愿的人。

从父母的角度出发，这是比较理想的愿望。但如果这个愿望与“本来的自己”的愿望存在较大差距，心头难免产生像被针扎过一样的感觉。

1　约合60万人民币。——编注

2　指高收入、高学历、高身高的人。——译注

类型3：自恃清高，妨碍了进一步的发展

另一类循环气质（主角型）的女人会以“清高”这种方式表现出来。她们内心有一种信念：一定要等对方先表白，否则如果女性先表白了，被拒绝的话是很丢面子的事。正是由于对“要像个女人”这句话存在误解与假想，才会产生这样的念头吧？！当然也有可能心存这样的清高：我绝对不允许被拒绝。

有些循环气质的女人很容易抱着这样的信念：不能答应姐弟恋，年纪小的男生靠不住。如果自己年纪比对方大，“有朝一日，他要是去找了年纪小的，弃我而去的话，那太恐怖了”。这种恐惧感的程度与DNA气质是有直接关系的。

类型4：独占欲较强

此外，独占欲较强的、害怕寂寞的人，实际上也是具有循

环气质（主角型）的人。“我如此爱你，因此你也只能这般爱我，你的眼中只能有我一个”。不知不觉中，这种人就会想要独占对方。尤其如果对方是一个很受欢迎的人，一旦与对方分开，就会很担心、很担心……虽然知道不对，但还是忍不住想要偷窥对方的手机信息，一旦发现了其他女性的名字，就莫名地紧张和愤怒。“只准你爱我一个人”这种心情的背后，其实是“不要抛弃我”。从男性角度来看，这种女性的心思过于沉重，只会让自己渐渐地感到越来越累。

类型5：害怕孤独

循环气质（主角型）的人，大体上都害怕孤独寂寞。为了填补内心的空虚寂寞，可能会陷入一段接一段的恋情。而这些恋情无法有结果的原因，大概是因为对方最终觉察到“这不是真正的爱”。还有一种可能，穷追不舍地告白或紧紧相逼地要求表白，只会让对方感觉太累从而想要逃离。

只是实际上，对你而言，你有没有感觉到，对方逃走了，自己反而好像安心了呢？究其原因，是因为在你内心深处的某个地方，有着毁坏恋情的愿望。

除此之外，以“初恋情人无法忘怀”“分手之后再也找不到比他更好的人了”等理由来美化过去的记忆，为自己无法开始新恋情找借口的人也是存在的。

类型6：为对方付出一切反而逼走对方

“这个人，要是我不去照顾他的话，他真是什么都干不了”，有些人类似这样为对方竭尽全力付出一切。然而，越付出对方越想逃。总是在相同的恋情中打转的这类人也很多，不是吗？虽然很悲催，但这也是比较常见的一种模式。这是“黏着气质（亲子型）”喜欢照顾人的女性容易陷入的恶性循环。这也是DNA气质中的一种。这样的人到底要怎样才能摆脱这种恶性循环呢？当你知道了自己的气质类型，处方就随之出现了。只要了解这个处方，就能找到不落入这种恶性循环的恋情。

类型7：不容易向对方表达心情

这里要讲述一个很难发展恋情的小B的故事。

“从高中的学校俱乐部活动到大学的社团活动，再到后来进入公司就职，其实我喜欢的人明明就在跟前，但对方就是意识不到，自己又总是很难开口表白。长时间的烦恼后，我终于决定拿出勇气告白了，然而基本上收到的回答都是‘我对你没有这个意思’。当看到自己喜欢的人与心仪的异性对话时那种熠熠生辉的目光，我数次都差点儿忍不住要掉泪。”

像小B这样好不容易主动表现，对方却视而不见；终于拿出勇气表白，却无法从朋友上升为恋人……甚至单相思也有各种模式，这真是令人伤感啊！

而有些人是确定自己很喜欢对方，打算与对方长期交往，却又因为不知道对方到底是怎样想的而烦恼。如果能直截了当地向对方传递出“我爱你爱到想与你结婚”的心情，是不是就可以结束这种两头都不沾边的关系了呢？

这两类人的共通点在于，言语也罢、表情态度也罢，**没有用对方能清楚明了的方式去表现自己的情感。**要想让对方喜欢自己，必须先让对方注意到自己。我认为这些人也都拥有相同的DNA气质：无法向对方表达心意或者难以启齿，他们是属于**很重视自己的内心世界，容易把自己封闭在自我世界中的人。**在本书中，我把他们称为“自闭气质（我行我素型）”。

类型8：对于被抛弃、被伤害感到莫名恐惧

有这样一类人，由于很害怕失去对方的欢心，因此不管对方问什么，基本上都会给出“差不多吧”“还行”之类比较

暧昧的回答。就算是无比喜欢谦虚女生的男士，时间久了，大概也不会再觉得这是“可爱”，取而代之的恐怕是一种很疑惑的感觉吧？话题无法深入、真心无法读懂、在一起感觉不到快乐，这样的交往是无法长久持续下去的。

即使知道这是个问题，可一旦喜欢上对方，就会很害怕“万一被拒绝”要承受的伤害，想说的话到了嘴边又咽下去。越是这样，恐怕越会在意“我在他心目中到底是什么样子啊”，进而发展为哪怕对方只是回复自己的信息稍微晚了一点儿，脑袋里都会充满了“我是不是说了让他生气的话啦”“他是不是讨厌我啦”之类的想法。

这样的人，不仅仅是面对恋爱，平时对各种各样的事应该也是很担心的。类似这样的拥有无法停止各种担心的DNA气质称为“不安气质（紧张兮兮型）”。不安气质的人，由于有太多令自己担心紧张的事情，因此很多人的恋情最终只能止步于恋爱阶段。

类型9：想要拥有完美对象以及理想婚姻

拥有很强的“必须这样”“必须那样”的想法的人，是所谓的“离缘分很远”的人，因为他们拥有完美主义的性格。这种DNA气质称为“执着气质（完美主义型）”。

说一段完美主义型的小C的故事。

“我自己也奇怪，为什么总会产生这样的想法。真的只是一些很小的事，我就是看不惯对方，慢慢地变得开始讨厌对方。比如，觉得他拿筷子的方式很可笑，打哈欠时发出的声音很讨厌等。在交换订婚礼之前，我凑合还能接受他，然而当他的父母从北海道老家寄来一大堆鲑鱼子时，我突然感到说不出来的厌恶。反正，我感觉要是从某个瞬间开始讨厌对方的话，就无论如何再也回不到过去的心情了。不管喜欢上谁，只要一想到‘可能又会因为一些鸡毛蒜皮的事而讨厌对方’，我就会变得连谈恋爱都觉得恐惧了。”

初次邂逅时，虽然有过“这个大概就是白马王子”的预感，但是在数次约会的过程中，映入眼帘的基本都是对方的缺点，关心在意的也都是些与对方的人格毫不相关的小事，这就是小C。

她自己也意识到不能再这样下去了，却始终无法摆脱“应该这样、应该那样”的心情，内心很难去接受达不到这些所谓“应该”的标准的人。我们周围经常能见到因为无法宽容别人的缺点而对自己的小心眼产生自责的“执着气质（完美主义类型）”的人。

类型10：“我讨厌自己身上的一切”

完美主义的人有很强烈的想要去喜欢自己的心愿，而其背后恰恰隐藏着特别容易讨厌自己的倾向。

这类人本来就有各种人格魅力，却总觉得自己没有任何魅力，讨厌自己，想变成不一样的自己。结婚的愿望明明比谁都强，但当下这样的自己却不能够去恋爱、去结婚，进而产生各种想要放弃的念头。

这样的人好不容易有了喜欢的对象，可是越喜欢对方，越容易感到不安，“我是不是配不上他啊”“他为什么会喜欢上像我这样的人”。人们大致都有这样的心理倾向，要是被谁喜欢上了，反而会变得不安，对自己越发没有信心了。

但是，请继续探究一下自己的真实心情，本意难道不是希望对方能对自己说出“你很好”“我没有你不行”这样的话吗？“哎！像我这样的人……”表面上好像是很谦虚的态度，其实里面隐藏的正是渴望获得认可的需求。

类型11：迎合妈妈的标准

完美主义类型的人当中，也有一些是重视母亲的意愿胜于自己意愿的人。小D就是这样的人。

“我是九州人，10多年前在东京的一所大学上学，并且有了一个恋人。我原本想毕业后就跟他结婚的，因此当时就过起了同居生活。可我母亲知道后非常愤怒，强行把我带回了老家。理由是我们那所大学名气不够，必须找一个毕业于名校的人。另外，他是单亲家庭出身，从小没有父亲，我母亲对这一点也极其反感，并且不喜欢他的母亲。我被迫在老家待了3周，最终以与他分手为前提，才被母亲允许返回东京。那之后在我26岁时，又出现了一个感觉可以结婚的人，然而这次因他离过婚，母亲再度强烈反对。现在我已经31岁了，还没有遇到能够令母亲满意的人。”

母亲的内心里要是认定“自己的婚姻是失败的”，就有可能把想要翻盘的心理寄托在女儿身上，本意是“希望女儿能有一桩幸福美满的婚姻”。

被母亲的意见强烈左右的人当中，有这样一些人，他们重复着在得到爱以后热情就渐渐冷却的恋爱模式。对这些人来说，恋爱就像复仇游戏。复仇对象究竟是谁？大概就是为了报复母亲。在幼儿时期，母亲不断地命令“必须这样、必须那样”，总是不被允许得到自己喜欢的东西，这样的人很容易陷入这种恋爱模式。

此外，有些完美主义类型的人会对性行为持有厌恶感。其背后的真实理由多半源于害怕受到伤害吧？“一旦进入性关系，就有可能被他抛弃”“他跟我好，也许仅仅是为了得到性而已”，诸如此类。

类型12：无法想象具体婚姻生活

如果询问想要结婚的人：“结婚以后，你打算建设一个怎样的家庭呢？”相信会语塞的人不在少数：“啊……这个嘛……”这些人多半是以结婚为最终目标，而对于结婚之后的情景却不敢去想象。

每个人都希望拥有一个欢声笑语不断、幸福满满的婚姻生活，但就算有这样的心愿，很多人却总感觉没有信心……

“我的确想要结婚，却无法想象具体的婚姻生活”，对这类人，要是能更深入地去了解他们的心理状况，你会发现他们**内心深处可能隐藏着“无法获得幸福”“不可能获得幸福”**的心情。

小E就是这样一个人。

“我从小在父母不和的家庭中长大。母亲经常会离家出走（多半是和别的男人一起），然后某一天又会突然回来。父亲是小肚鸡肠的人，他嘴上什么也不说，却把这样的母亲看在眼里、记恨在心上。我有一个姐姐、一个哥哥，但两个人的婚姻都失败了。我想我要是结婚的话，大概也会失败吧？正因如此，我对恋爱和结婚几乎都不抱任何希望。平时，我把工作安排得很满（我在一家知名企业上班），对恋爱结婚的事都尽量不去考虑，但只要一想到将来可能孤独终老，我还是会感到很不安、很悲伤！”

小E是一个身材苗条的、戴眼镜的美女，想必是个受男性欢迎的人，竟然有这样的烦恼！

像她这样的人就是之前说过的同时具备不安气质（紧张兮兮型）与执着气质（完美主义型）两种气质的人。同时拥有这两种气质的人，容易对婚姻的本质产生距离感。

类型13：容易吸引“渣男”

同时拥有不安气质（紧张兮兮型）与执着气质（完美主义型）两种气质的人当中，有一些人可能既没有过被异性伤害的经历，也没有过被骚扰的经历，但就是对男人持有天生的恐惧感。

还有一些人，拥有“我长得不漂亮，没有人会和我结婚”的想法。其实这些人并非因为长得丑不能结婚，而是因为“认为自己不美”的不自信导致了心灵也被丑化。

这些内心对男人怀有恐惧感或对自己不自信的人却有吸引渣男的倾向。小F就是个典型例子。

“我学生时代的男朋友是个平时温柔，却经常对我实施暴力的人。在与他交往的3年中，我们重复着被他打、他道歉、对我温柔、又被他打的循环模式，最后我忍无可忍，终于借着毕业的机会跟他分手了。紧接着交往的人表面上也是个温柔的人，但他优柔寡断，从没向我说过‘我们结婚吧’之类的话。我们分手几次，每次都是不久他又回来找我，一直持续着这样的关系。刚好在那期间，出现了一个喜欢我并向我表白的人，我尝试着与他交往了一段时间，却发现他根本就是个好吃懒做的人。虽然对我还算不错，但是根本不考虑赚钱的事，连每次约会的钱都是我出。我渐渐感到了负担而提出分手，但每次他那边电话一响起，我还是忍不住又去见他……”

从同情对方开始一场恋爱的人，以及一旦被对方需要就觉得愉快的人，都注定会以失败收场。

因为这种关系，并非真正相爱的关系，而是相互依赖的关系。大家可能也听说过所谓“共依存”的关系：我依赖你这件事，对你来说也是必需的。这也许正是把这些渣男吸引过来的理由。敏感地觉察到对方有需要自己的需求，持续地扮演着能令对方喜欢上的自己，如此一来，越发无法表现出“本来的自己”了。

类型14：因为太乖太恋家而难以结婚

很多过于听话的“乖孩子”，也是很难结婚的。自己的升学、就业等，沿着父母的规划一路走来的人，怕是大有人在吧？那接下来，结婚呢？

希望丈夫能成为上门女婿的小G这样说：

“我是独生女。虽然父母都还健在，但母亲曾一度患病，我很担心她会复发。父亲是个靠母亲靠惯了的人，虽然退休后空出来大量的时间，却连顿饭都不会自己做。要是母亲不在了，真不敢想象他会变成什么样。因此，我不能离开这个家。在这样的情况下，还有人会愿意跟我结婚吗？”

想找上门女婿，是你自己的想法，还是父母的想法？如果是父母的想法，那么你亲耳听到从父母口中说出“非上门女婿不可”的话了吗？还是由于你自己感到父母有这样的期待，就给自己定下了规矩？

还有些人，即便自己很喜欢对方，也因为对方是长男（要承担很多家庭责任），从一开始就放弃了与之结婚的念头；或者为到底是选择他，还是顺从父母而不断烦恼……

想要顺从父母期待的“乖孩子”，在父母对自己说出“不行”之前，就自己给自己贴上了“不行”的标签。“根本不可能出现理想的结婚对象”，这是自己的人为设限，结果导致结婚一拖再拖，难道不是这样吗？

幼年时顺从父母的期待，在学校里顺从老师的期待，在职场中顺从上司和周围人的期待……不是“自己想这样做”，而是“人们想这样做”，习惯了这种生活方式的人，最终连自己到底喜欢什么样的人都无法搞清楚。事到如今，就算被长辈说“去跟你自己喜欢的人结婚吧”，是否真的与自己选择的人能过得幸福呢？大概自己也不自信了吧？

此外，这种人就算在性爱的过程中，也认为必须扮演对方所期待的“乖孩子”，渐渐地感受到压力，而最终导致对性爱产生厌恶的例子也不罕见。

无法邂逅理想的结婚对象，是我的错吗

越是拥有强烈的结婚愿望的人，有时越是追求戏剧般的相遇机会。与对方相遇瞬间就像被电击一样，直觉这就是命运的相遇、是前世注定的缘分相互吸引……然而，这些都只是电影或电视剧中的情节。实际走访一下已婚人士，大多数人的回答都是“觉得差不多就是他吧”“反正就觉得该结婚了”。

现实生活中的你，并非无法邂逅结婚对象，只不过大抵不会是电视剧中主角邂逅的场景而已。其实多数时候，也许命中注定的那个人就在你的身边，正在等待着你发现他罢了。

以上举了很多实例，那对于你本人来说，成为你结婚障碍

的究竟是什么事情呢？知道“本来的自己”，回归“本来的自己”应有的生活方式，就能够找到适合的对象。

能够带来幸福婚姻的命运伴侣，恐怕是与你至今为止喜欢过的人截然相反的类型。从下一章开始，我会引导你去发现自己到底是怎样的类型，之后会教你寻找到命运伴侣的方法。

发现

第二章

被DNA所记录的“本来的自己”

本来的自己=DNA气质

正如第一章所述，世间存在各种各样的恋爱习惯以及失恋模式。然而，为什么很多人拥有很强烈的结婚愿望，却怎么也走不到结婚这一步呢？在我看来，只有一个原因，那就是不知道“本来的自己”。如果很清楚地知道“本来的自己”，沿着这个“自己”本应有的方式去生活的话，一定能够在最短的时间内直奔主题，与“白马王子”成功相遇。同时不会有那么多的迷惑，就能很快地走向结婚。

也许会有很多人对此说法不以为然。他们大概会认为，“我是最了解自己的” “是对方没有好好理解我”……但是，大家自认的自己，大概并非是我想告诉大家的“本来的自己”。

“本来的自己”，是指能愉悦人生的自己。用心理学的定义来说，就是在成长过程中，被养育者无条件地关爱，自己能够去爱原原本本的自己，进而能够充分发挥并展现自己原本的力量和才能。但是，在如此完美的环境下长大的人，世间大概是不存在的吧？因此，我这样做“父母可能会奖赏我”“老师可能会喜欢我”“上司可能会认可我”，如此这般，人们应用只有人类才拥有的想象力，制造出在学历、资历、人际关系中存在的“伪装的自己”，而把这个自己误认为是“本来的自己”。然而，在内心深处，你会不会也有过“好像哪儿不对劲儿”“就觉得有种不自然的感觉”呢？

当然，大多数人想要结婚的出发点是因为“喜欢这个人”“想要与这个人一起生活”的心情。然而，“喜欢”这种感觉到底是不是真实的，却不是由“伪装的自己”能判断的。这是因为“伪装的自己”擅长的是抑制原本真实的感受，去想象和迎合周围人的期待及评价。

那么，“本来的自己”到底是怎样的自己呢？最容易了解它的方法，就是认清自己的DNA气质。DNA气质，是指从远古时代的进化开始，世世代代所传递下来的遗传气质，它是制造出你的性格、想法、行为模式等特性的基础，也正是这些特性，决定了你之所以是你而不是别人。

“机会来时，我为什么就是抓不住呢？”“有没有能够提升运势的简单方法啊？”……类似这样想借助外力来解决问题的人，尤其要推荐他们认识自己的DNA气质，充分地了解自己的优势和弱点。按照DNA气质来做自我理解，是认识“本来的自己”的第一步。比起去依赖不靠谱的算命，这个方法更能切实有效地帮助人们了解“本来的自己”。

想要获得幸福婚姻的秘诀，正是从了解“本来的自己=DNA气质”开始。如此，就能知道与自己情投意合的DNA气质是什么，并且引导自己与这个“白马王子”邂逅，进而走向神圣的婚姻殿堂，一起迎接幸福光明的生活。

90%以上的DNA都是祖先遗留给子孙的生存信息

DNA所包含的天文数字般的信息中，你认为制造出我们的手、足、脸、头发、内脏等身体的信息大概占多少比例？90%？80%？大家想象的大概真有这么多吧？然而，**标准答案是仅有5%～10%而已。剩下的90%以上，其实都是与我们的生物进化相关的信息。**比如——

①整个进化过程的信息（从氨基酸开始到人类为止）；

②保护生命的信息（本能）；

③病毒及细菌的信息（如身体感染过什么病毒，产生过什

么样的抗体等）；

④疾病及治疗的信息（如罹患过什么疾病，经过了怎样的治疗等）；

⑤进化的方向性信息（如人类已不再需要尾巴等）。

①～④是过去的生存信息，⑤是面向未来的生存信息。地球从生命体诞生至今已经过了38亿年，我们每个人，都是成功地克服了所有的生命危机以及灭绝危机之后，得以存活并繁衍的种属的子孙。正因为有了这些生存信息的世代传递，当下的这个时代才有了这样一种生命的延续。“生存”这件事本身就是真正的奇迹。

例如，爬行类时代原始祖先遭遇过怎样的外敌侵袭，它们怎么逃走的？鸟类时代罹患过什么疾病，它们又得到了怎样的帮助？猿类时代在经历饥荒时，它们又是如何省吃俭用才不至于饿死的？…… 我们的DNA里密密麻麻地写满了类似的、恐惧的生死体验，以及如何克服它们的智慧和战略。

科普知识

DNA是生命的设计图

以体重60公斤的人为例，其身体是由6万亿个细胞构成的。DNA（Deoxyribonucleic Acid）是脱氧核糖核酸的略称，它存在于每一个细胞当中。DNA被喻为“生命的设计图”，它的作用是承载与父母相同的身体和心理信息，并借由它再向子孙后代传递。

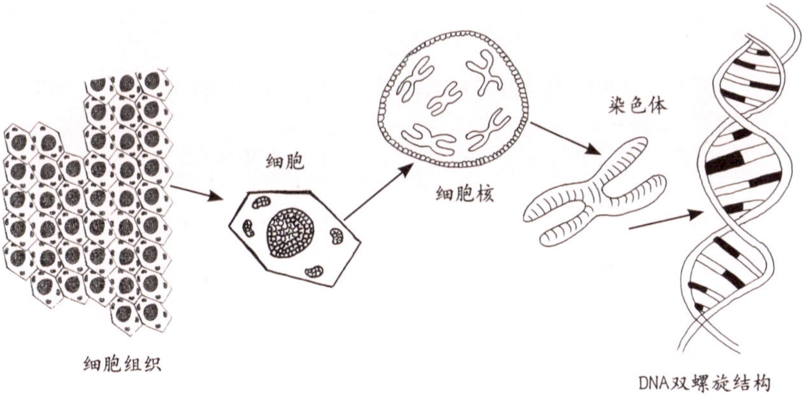

DNA由4个形态不同的化学分子——A（腺嘌呤）、G（鸟嘌呤）、C（胞嘧啶）、T（胸腺嘧啶）——两两排列而成。这4个化学分子的配对，即“A—T”或者“G—C”的对应方式，被称为碱基对。生命的设计图就是由这些碱基配对书写而来。

两条链上的碱基对必须成对，这样有一条链的话，其配对的另一条链就像洗照片一样被原样复制。生物使用这个原理，让与父母相同的生命设计图得以向子孙传递。

人类的DNA由大约30亿个碱基对排列组成。这个信息量如果换算成报纸的文字量，则相当于25年的新闻早报上的文字数量，而这仅仅是1个细胞的当量。我们每个人的身体都拥有6万亿左右的细胞，因此我们每个人身上所拥有的信息量大约为6万亿×30亿。

“爱操心、担心”是祖先世代遗传下来的生存策略

我们常说的“性格”“特点”等词汇，其实绝大多数都是巨大的DNA信息库中的其中一个点而已。因此，即便想改变，也是非常困难的。

例如，假设我们与数位友人一起去温泉旅行，需要在外住一晚。你有没有发现，在我们的队伍中，就是有这样的人：旅馆及电车的预定就不用说了，从当日的观光预定开始至午饭吃什么、土特产买什么等细节，要是不列出周密详细的计划，他就会感到非常焦虑不安。

也许队伍中有人会说“这个人就是爱操心啊”，有人会觉

得“到达目的地以后再考虑这些事不是更有趣吗”。但是，这种爱操心、容易担心的特点是一生都不会改变的。而且，就算本人想改也改变不了，因为这是DNA决定了的。

这种人之所以会有今天的特性，理论上是由于自己的某个时代的祖先，因为当时的无计划，遭遇了巨大的失败，这个痛苦的经历让他练就了从此以后小心翼翼地摸着石头过河的技能，“行动之前，先做出完美的计划”。如此深刻的教训成为DNA信息，并向子孙世代传递下来。

我们在谈论“性格”或“特点”等描述一个人特征的词汇时，理应考虑到这里面包含的绝大多数信息都是从他的祖先那里传递下来的DNA信息。而这些信息中又包含了祖先本人曾直面过的生存危机，为了不让子孙再度经历这些痛苦所形成的生存策略信息。

各位读者，对自身的优点、缺点理应是有所了解的吧？而且，在面对结婚这个目标时，希望自己“加强社交能力”，希望自己“拥有更广阔的胸襟”等，你一定也为变成不一样的自己而努力过吧？

我接下来的话可能要让诸位失望了，那样的努力也许只是无用功，因为以DNA气质为基础的性格并不是靠努力就能被改变的。

那么，要怎么办才好呢？

“性格”其实是个对立统一的东西，你自己认为是缺点的部分，只要变个视角来看也许就能成为优点。比如，容易害怕、胆小怯懦的人，反过来看可能恰恰是慎重的人；而那些无论做什么都追求完美的人，也可能因此给别人增添了很多麻烦。

无论如何，我们首先需要了解自己的DNA气质，然后才能够灵活地应用它。具体的了解方法将在第三章里陈述。

个性的不同，
其实是大脑以及DNA的不同

DNA信息，当然也被记录到大脑的设计图当中。这个设计图，与汽车等工业制品的设计图不同，细节部分还是有差异的，但基本作用大致相同。人与人之间真是太不一样了，每个人都有自己的个性，这正是大脑的设计图不尽相同的原因。

例如，有些人的大脑好像比其他人更容易获得快感，而有些人的大脑却很难感受到快乐。此外，有很容易感到紧张不安的大脑，也有很难感到焦虑的大脑。类似这样的大脑设计图制造出的产品就是DNA气质。

能制造出“好奇心旺盛”“积极乐观”等性格倾向的遗传

基因，是科学家们在1996年才发现的。以色列和美国的研究小组同时发表的研究结果表明，这样的性格特征与“DRD4”这种遗传基因密切相关。该基因能制造出与多巴胺这种神经传递物质结合的受体，从而让大脑内的多巴胺量增加，而多巴胺这种物质恰恰被称为快感物质。

此外，其他研究表明，大脑内有被称为自信物质的神经传递物质5-羟色胺，与该物质的分泌量息息相关的遗传基因“5-HTT”有两种类型，现已知其中一种类型容易导致人因为5-羟色胺量不足而感到没有自信，因而拥有神经质的倾向。

神经传递物质，除了以上这两种外，还有紧张物质去甲肾上腺素、镇静物质葛巴丁等。这些物质的分泌量，以及其受体的数量和敏感度是因人而异、因民族而异的。

美国人当中有很多人都拥有重视开拓精神的“DRD4”基因，而日本人当中大部分都拥有谨小慎微的“5-HTT”神经质基因。如今，科学已经进步到连国民性的差异也能够用遗传基因来解释的程度了。

对于恋爱以及婚姻，不同的人有不同的思考及应对方式，这也正是由于大家都是被DNA记录的信息所左右的缘故。

人类大脑的构造是递进式的三个层次

为了更好地理解DNA气质，有必要先向大家介绍一下大脑的基本构造和功能。

人类的大脑，在生物进化（不断扩建）的过程中形成三个层次的脑。人类的肺、心脏等所有内脏在每次的进化过程中（翻新改造）逐渐形成，因此并没有残留远古时候的构造。但是，只有大脑这个器官，是在老旧的脑层上再增建新的脑层，在这之上又有更新的脑层逐渐形成，呈现出一种很不可思议的、很复杂的构造形式。

在三个层次中的第一层脑，记录了从鱼类、爬行类等久远进化时代开始就传递下来的信息，它管理着我们的呼吸、脉搏、血压等生命的根本。第二层脑是**记录了哺乳类时代信息的脑，**也叫作情绪活动脑。它能用“很开心”“很痛苦”等情绪活动，来对身体及心理的状态做出高度敏锐的觉察。第三层脑是**灵长类时代形成的脑，**它掌管着知性和理性，拥有能够想象未来的能力。如果我们从第一层往上，分别以“蛇脑”“猫脑”“猴脑”来称呼它们的话，应该比较容易记忆。

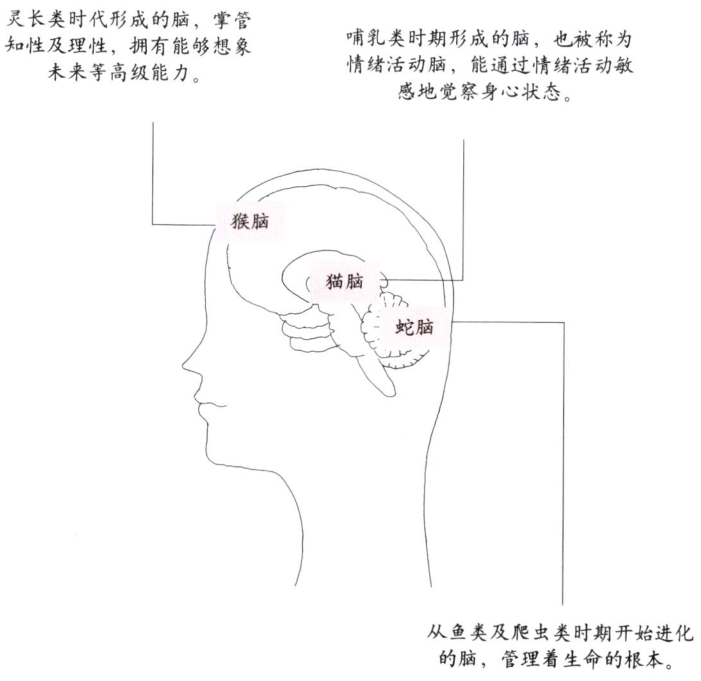

三层构造的人类大脑

例如，当你决定“就在今年结婚”，为了达成这个目标，之前所列举的促使你产生想要“更加有社交性”“拥有更广阔的胸襟”等自我成长愿望的就是猴脑的作用，猫脑和蛇脑不具备这样的进取心。不止如此，猫脑和蛇脑还会释放出类似“不要勉强自己、让自己更愉快一些”“放轻松些”“太害怕了，算了吧”“肯定不会顺利”等，与猴脑背道而驰的信号。我想大家一定都有过相同的体验吧？

想要去挑战什么新事物时，导致心跳加速的是蛇脑，导致紧张到身体都开始摇晃的是猫脑。这种时候，想要用理性来说服这两层脑是无效的。最有效的做法是要么抓紧谁的手、要么被人紧紧地抱入怀中。猫脑及蛇脑都是在被温柔地抚摸、爱护之后，才能产生安心感。

“现在还没有这样的人，因此很想找人结婚啊！”我非常明白大家的苦衷，请稍微忍耐一下，跟随大脑的话题继续往下了解。

与结婚相关的事，要与猫脑和蛇脑商量

虽然我很想说，希望这三层脑能在我们的大脑中和睦相处，但事实却是这三者往往会产生各种各样的冲突。

猴脑虽然有较强的进取心，但其也会产生“多希望被白马王子相中，住在像城堡一样的家中，休假时能在海外的别墅中悠闲度过……”类似这样的想法。这与其说它充分发挥了想象力，不如说它更容易去追求梦幻童话般、不切实际的幸福。猴脑因为是理性脑，会自然而然考虑很多现实问题，如非“三高”不可、年薪百万以下免谈……如此这般，相对于自然感情而言，猴脑更重视“社会性评价”这个层面。

而与此同时，猫脑或蛇脑却不管这些，它们更愿意追求原

原本本的、充实的感情，对于猴脑的那些困惑毫不在意。

人类之所以是烦恼最多的动物，就是因为这三层脑经常产生冲突。因此可以这么说，我们人类生活的宿命之一，就是要把这三层朝不同方向行进的脑，不断地进行巧妙的折中和妥协。

这三层脑的冲突，不久就会出现相互尊重、摩擦渐渐减少的局面，我们把这个过程称为“成长”。而这个成长的喜悦所带来的成果，就是走入婚姻的殿堂。

三层脑没有孰优孰劣之分，只是关于结婚这件事，重视猫脑和蛇脑的愿望是关键。你想拥有怎样的婚姻，想要和谁结婚，真的想要与这个人结婚吗，与这个人真的能够相爱一世、共度一生吗……在决定这些重要事情的时刻，请一定要倾听一下猫脑和蛇脑的声音。

我想你之前可能有过这样的体验，面对某个父母与周围人都很赏识、希望你与之交往的对象，你可能对之“好像根本没感觉”“说不上来，反正就是不喜欢”；相反，某个父母与周围人全都很反对的人，你却会感觉“跟他在一起好像很放心”“就觉得莫名其妙地喜欢”。这种时候，能引导你走入幸福婚姻殿堂的要诀就是，请你一定要提醒自己，猫脑和蛇脑里隐藏着内心深处发出的声音。

即便是在长久的交往之后才选择结婚，也有必要用猫脑和蛇脑来判断一下，是否能面对原原本本的自己。

诊断

第三章

DNA书写的“白马王子”

你绝对不坏

好了，这一章我们终于要来探寻被DNA所书写的、属于你的“白马王子”了。很多人无法顺利地邂逅结婚对象，正如第一章所述那样，他们认为自己有问题，不停地对这样的自己产生自责。

“喜欢的人明明就在眼前，就是无法跟对方说‘我喜欢你’，这样的我是不是很蠢啊？”

“越是逼自己装出开朗明快的样子，越是觉得在别人面前，自己像个小丑。”

“虽然知道对方无法成为我想要的样子，但是……”

诸如“自己为什么会有这样的性格”“为什么会为这样的事感到烦恼”“为什么就是会拘泥于这一点”，等等，自己责备自己、闷闷不乐的经验，我想是谁都经历过的。就算是现在这个瞬间，也许你依然在责备着无法变成理想自我的这个“糟糕的”自己吧？

但是，**请停止自我责备吧！**

你的性格、对事物的接受形式、想法、行为模式、生存方式，甚至是结婚对象，都是由你的DNA来决定的。与其不断地烦恼悔恨，不如好好地去理解一下被生命设计图记录下来的DNA气质，这才是真正的积极向上的姿态。

DNA气质，是决定这个人的性格、想法、生存方式的核心。知道了DNA气质，不但能知道自己为什么会有这样的个性，而且还会知道如何好好利用这样的个性去生活，甚至连结婚对象，也能用属于“本来的你”的目光、属于“本来的你”

的方法寻觅到。

要想知道自己的DNA气质，最精确的方法是抽取身体的一部分，如毛发等，利用分析仪器来进行生物化学式的DNA推论。然而，这种方法既花费金钱，又消耗时间。如果应用我们研究组开发的心理检测量表，只要5分钟，就能简单地推定出来。

结婚对象就是在寻找外星人

这本书并非只教你如何寻找恋爱对象，它更是一本指南书，教你找到由深深的“命运爱”所连接的伴侣（关于命运爱的内容在158页）。基于这样的目标，我们才要了解自己以及对方的DNA气质。

人们很容易在无意识间用自己的标准去衡量对方，认为当自己感到快乐时，对方也理应感到快乐；自己感到悲伤时，对方自然也应该会悲伤。如果对方跟我们并没有相同的感受，就认为“这个人与我合不来”。首先，请停止这样的想当然。能够有相同感受的情况仅限于拥有相同DNA气质的人之间。气质不同的人，请把你们之间的差异，理解为是地球人与外星人之间的差异，而与你“命运爱”的伴侣却恰恰是拥有与你不同DNA气质的人。

被DNA刻录的结婚对象，从种属保存的法则来说，毫无疑问是DNA气质不同的人。各位大都可能期待与这样一个人结婚：即便自己什么都不说，对方也能理解自己的心情。然而，要不同气质的人来敏感地体察自己的心情本来就是不可能的。为了能够合得来，唯一的做法就是，每当发生冲突时能够坦率地传达相互间的差异，争取相互的理解。

如此一来，当相互能够理解时，两个人就都能有“命运爱”的感受了。

科普知识

真的可能就是外星人

我们的身体是由10^{29}个原子构成的。在这些原子中，除了含有由137亿年前宇宙大爆炸后所产生的氢和氦等轻元素外，氧、碳、氮、铁等重元素也包含其中。地球诞生于距今46亿年前，在这以前的久远年代里，自身体积是太阳的8倍以上的某颗巨大恒星爆炸时所产生的重元素，成为构成地球及我们身体里的原子的一部分。在地球诞生以前，有许多星系爆炸，那个时候飞散在宇宙中的星屑粒子所集合生成的物质，实际上也是我们生命的始祖。

当观察原子的摄影照片时，你会发现，原子的形状各不相同，根本没有两个一模一样的原子存在。可以说，每个原子都是有它的个性的。围在原子核周围运动的电子是固有的、由原子核与电子所制造出的原子的振动，由该原子构成的分子的振动也是固有的。总之，构成我们身体的原子和分子，以及由此形成的遗传基因的分子、蛋白质分子和水分子等所有的一切都是固有的。

总而言之，我们每个人都不相同，都有各自固有的模式。因此，可以说DNA气质相异的双方，真的有可能是来自不同星系的生物，他们之间真就是存在那么大的差异。

直截了当的诊断：
你的“DNA气质”是什么

来看看你的DNA气质是什么。遗传基因能不能发挥作用，取决于环境的影响。遗传基因要是身处于能充分发挥其性质的环境中时，气质——这个构成个性的内核就能被激活，位于“开”的状态，可以制造出具备该气质特征的化学物质。下面的气质检测量表，能够推定现在位于“开”状态的气质，请在与平时的你相符合的项目数字上画○。请注意：

①不要去人为地控制答案，气质没有优劣之分，请不要过多思考，凭直觉来回答。

②自身的典型气质不止限于一种，也有大部分或全部气质都呈现典型状态的人。关于混合型的情况，我们将在这一章的最后来说明。

检测完毕后，请从A项到F项顺序算分，得分在4～5分的属于典型气质，3分为准典型气质，说明具有部分该气质的特征。

现在处于“开”状态的DNA气质检测量表

		总是这样	差不多是这样	从来不会这样	合计
 A 循环气质	一打开话匣子，我就能接连不断地说个不停	1	1	0	
	遇到对自己不利的情况，我要么保持沉默，要么说些与事实不符的事情	1	1	0	
	如果感到维持关系变得困难，我可能会与对方切断联系	1	1	0	
	与合得来的人谈心对我来说很必要	1	1	0	
	疲倦的时候，我就会去想或做一些快乐的事情	1	1	0	

续表

		总是这样	差不多是这样	从来不会这样	合计
 B 黏着气质	如果不踏踏实实地把一件事情解决，我就难以展开下一步行动	1	1	0	
	我觉得自己比较单纯	1	1	0	
	我大部分时间沉着稳重、不急不躁，但偶尔也会有怒气爆发的时候	1	1	0	
	我对人和事的态度具有持续性，很难突然改变	1	1	0	
	我喜欢处于上下级关系（师兄弟、长辈晚辈等）中，这让我感到安心	1	1	0	
 C 自闭气质	即便知道会对自己有利，我也不会说恭维话	1	1	0	
	比起与别人竞争，我更喜欢在自己的世界中专心致志	1	1	0	
	我不会撒谎	1	1	0	
	我不擅长应付那些冒冒失失、过分热情闯入我世界的人	1	1	0	
	比起被别人认可，更为自己得到锤炼感到高兴	1	1	0	
 D 执着气质	无论做什么事，我如果不全力以赴的话就会放心不下	1	1	0	
	为了履行自己的责任，即便是勉强自己，我也会尽心尽力地去做	1	1	0	
	一旦开始做一件事情，我就会要求尽善尽美	1	1	0	

续表

		总是这样	差不多是这样	从来不会这样	合计
	对于交给自己的任务，我无法做到马马虎虎、敷衍了事	1	1	0	
	我不能接受那些不遵守规定的人	1	1	0	
 E 不安气质	我比较爱操心	1	1	0	
	我有些神经质（容易神经过敏）	1	1	0	
	我容易变得胡思乱想，而且容易去相信我胡思乱想出来的东西	1	1	0	
	我一旦变得不安，就会觉得有各种各样的烦心事涌上心头	1	1	0	
	一旦我对某事产生怀疑，就会开始胡思乱想，甚至妄想	1	1	0	
 F 新奇气质	我会对新鲜的、性质不同的东西感兴趣	1	1	0	
	我属于容易被新奇的事物吸引的人	1	1	0	
	我的探索精神总是别人的一倍	1	1	0	
	我有性情急躁、没有耐性的一面	1	1	0	
	我属于兴趣的重点容易转移的人	1	1	0	

宗像恒次、田中京子著；杨文洁、胡文燕译

做完检测表，你自己大概有多少种典型气质呢？关于DNA气质的研究，有的研究者能细分到几十种，而我在此则把复杂的气质按照大类捆绑式地分为6种。其中决定我们人格形态的气质（人格气质）有3种，如果用食物来比喻的话，这3种就是主食。

A项为4～5分者

循环气质，也可以称之为主角气质。

B项为4～5分者

黏着气质，也可以称之为亲子气质。

C项为4～5分者

自闭气质，也可以称之为我行我素气质。

剩下的3种气质，请把它们想象成辅佐主食的、作为副食一样的气质。

D项为4～5分者

执着气质，也可以称之为完美主义气质。

E项为4～5分者

不安气质，也可以称之为紧张兮兮气质。

F项为4～5分者

新奇气质，也可以称之为突发奇想气质。

检测量表单项合计4～5分者，或两项以上都为4～5分者，请参考下列解释。

合计1～2分者

你的检测量表的单项得分即使只是1分或2分，其意义与0分也是有重大区别的。它意味着虽然基因较弱，但你或多或少也是拥有该气质的遗传基因的，一旦环境允许，该气质的特征就有可能被表现出来。

A～C项的人格气质合计为4～5分，且占两项或以上者

“循环”“黏着”“自闭”这3种人格气质中，有两三项都为典型气质或准典型气质的人，心里会产生很多矛盾及冲突。

请参考181页的“为了发展结婚体质的‘幸福指南’”，针对每一种气质，在“幸福指南”的各项行动目标中，你的执行自信度大概有多少？请初步做个检测。执行自信度不满80%的项目，会成为你的烦恼或制造出更多的问题。请使用189页的关于“幸福指南”的阶段性目标记录，尝试执行能够提升自信度的“小型指南”里的项目。

此外，最重要的是，停止追求以他人的赞美、肯定、评价为重心的“他者报酬型”生活方式，转变为以能够愉悦自己、认可他人为重心的“自我报酬型”生活方式。如此一来，各个气质当中的优点就全都能发挥出来，变成你的个性。

所有项目都是4～5分者

所有气质得分都是4～5分的人，针对自身的存在状况，会感到自己好像同时面向不同的方向，经常处于各个方向在打转的矛盾状态中。这虽然是烦恼众多、常感到生存之痛的人生，但请你一定彻底执行“幸福指南”中的行动目标，这样就能消除你的部分矛盾。

此外，同样要注意停止“他者报酬型”生活方式，改变为“自我报酬型”生活方式，如此一来，各个气质当中的优点就全都能发挥出来，变成你的个性。

所有项目都是3分及以下者

这种情况说明气质的遗传基因对你的影响较小，但同时你却特别容易受到环境的影响。即便3种人格气质的得分都在3分以下，毕竟不是0分。我建议你抛开杂念，或者换个时间，重新做一次检测量表。

分数会根据环境的不同而改变

在不同时间段做该检测量表，其得分并不总是相同的。因为遗传基因像电灯的开关一样，它有时处于“开”状态，有时处于“关”状态。随着环境的变化，或你自身已掌握并实施“幸福指南”之后，会在量表得分上呈现或多或少的改变。从该分数的变化中，你能明白自己所处的状况，也能发现自身所持有的烦恼或课题。尤其是如果有关压力气质的分数上升的话，要考虑从极端压力的环境中抽身离开，并且彻底执行“幸福指南”中的行动目标。

不同DNA气质的倾向及对策

接下来，我们首先介绍3种人格气质。大家一定要有这个意识，3种人格气质间并没有优劣之分。在精神医学的世界里，各种心理疾病都会被附上病名，以此来称呼患有该疾病的患者。但气质是两回事，拥有某种气质就容易得某种心理疾病的说法是不成立的。

只是**每种气质的差异实在是太大了，不同气质的人近距离相处，确实容易产生人际关系障碍。**就像之前陈述过的那样，DNA气质不同的人，就好比与外星人相处，在考虑对方的问题时，很可能“超乎你的想象”，你有必要充分理解这一点，并提前做好心理准备。

在此基础上，如果你用能发挥对方长处的交往方式与之进行互动的话，那你们的人生愉悦指数将会是相同气质的人交往的数倍。

从种属保存法则[1]的视角来看，不同DNA气质的组合也的确是最强组合。为了与未来的生命进行连接，双方都被赋予了相互吸引、相互磨合的命运。

在此章里，针对各种气质，我会教给大家符合自身实际情况的自我管理法，以及符合对方实际情况的人际交往要诀。

1 种属是生物分类上的基本单位。截至2004年，完成命名的种属有200万种，而据推测，现存种属的实际种类是该值的数倍甚至十数倍以上。新种属形成的现象，在机理学上称为物种分化。种属保存，则意味着防止生物种属的灭绝。——译注

科普知识

猴脑里记忆着生存策略

人类这个种属，在进化的过程中历经了猿猴这个阶段。要是你冷静地观察周围人的行动，你会发现人们身上其实残留了很多猿猴时代的痕迹。

我们的祖先从大约600万年前与黑猩猩的祖先分道扬镳，开启了作为人类而存在的独立进化的过程。在此之前，约700万年前与大猩猩的祖先分离，约1000万年前与猩猩的祖先分离。

“循环”“黏着”“自闭”3种人格气质，是从人类之前即类人猿时代的远古记忆而来。在那个时代的祖先为了生存下来，主动掌握或自然形成的很多行为模式，会成为子孙后代的潜在记忆被世代传递，至今我们身上仍会无意识地重复这些行为模式。接下来，在详细说明每种气质时，会继续穿插此话题。

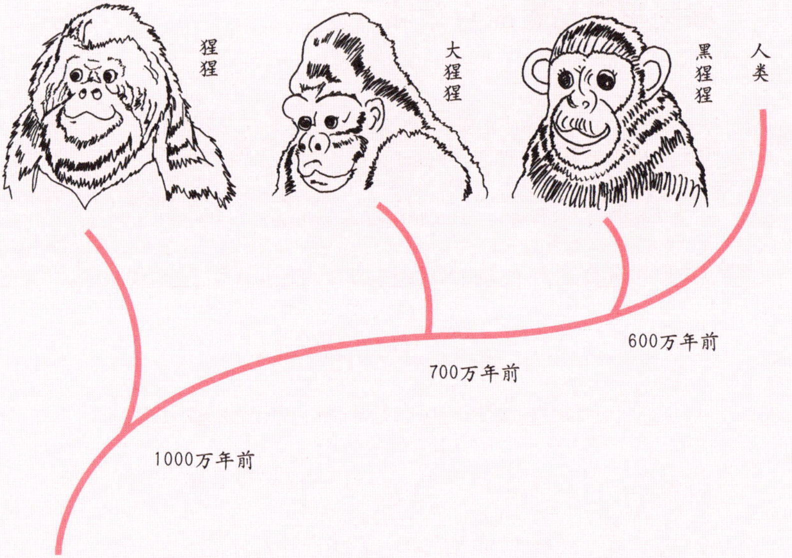

循环气质（主角型）

开朗活泼，喜欢说话，有见异思迁倾向

约20%的日本人在平常的生活环境中呈现该气质“开”的特性。该气质在全体人类中虽然是少数派，但在演艺圈中却是多数派。这其中尤其是喜欢标新立异、喜欢引人注目的人，女性代表人物就是玛丽莲·梦露，男性代表有日本家喻户晓的明石家、岛田绅助等。中国古典小说里最典型的代表应该就属王熙凤了。

历史上的人物有莱昂纳多·达·芬奇。他的本职专业虽然是画家，但他在工学、医学、天文学、几何学、音乐等方面也颇有建树，因而被称为“万能的天才”“跨界大神”。“啊？怎么还有天文学？”“这也太厉害了吧？”**如果在你心中，比起赞许来，吃惊的成分更强的话，**那么只能证明你的循环气质的比例太低了。“循环气质”的好奇心，就如达·芬奇一样，是无法忍受只停留在一个领域的。

循环气质的人是这样生活的

- 善良、亲切、温厚、明朗、幽默、活泼，具社交性，想要获得周围人认可的心愿比较强烈，循环气质正是制造出这些性格及行为特性的基础。

- 一旦开始说话，即便站着也能滔滔不绝地说个不停。一般在开会等场合中，最先发言的基本都是循环气质的人。而且，他们谈论的话题一个接一个，可以随时转移，有时甚至没什么脉络。

- 乍看起来很强势，其实内心里有害怕被他人讨厌的弱小一面。本质上是害怕孤独和寂寞的人。

● 情绪容易转变，情绪高涨和低落交替出现。不同的人其循环的长短周期有所不同，但情绪低落后，一定会再次反弹。

● 当自己不方便时，要么会保持沉默，要么会说些与事实不符的话。“说谎也是权宜之计”，这话正是为循环气质的人准备的。被别人称为“撒谎者”时，他一定会以“撒谎的时候我也是认真的”为借口来回答你。

循环气质的人

● 有操纵信息的倾向。当感到人际关系负担变重时，会有切断并抛弃这段关系的倾向。什么是操纵信息？例如，夸大事实或说些与本意相反的话等，循环气质的人把这些做法当作人际关系的润滑剂。力求在每个细小的环节上都达到出其不意的效果，就是循环气质的生活方式。

恋爱模式

循环气质是在所有气质中，最符合“恋爱气质”这个称号的。这类人经常会对异性产生强烈的兴趣，对于自己喜欢的对象会紧紧地盯着对方看，也经常容易转变对恋人的兴趣。类似“已经有N年没谈恋爱了”这种事根本不会发生在循环气质的人身上；静悄悄地单相思，也与循环气质的人无缘。但是，这种气质的人很容易产生**“要是没有谈恋爱，会很不安”的感受，因而有容易陷入恋爱依赖症的困扰。**

属于循环气质的人，即便不是美女或帅哥，也会是很受异性欢迎的类型。就算什么话都不说，仅仅是待在那儿，就有吸引异性的力量。究其原因，大概是因为从他们眼里投射出来的那种“快来爱我”“看着我”的挑逗式的眼神，变成了外激素[1]，从而诱惑了异性吧？循环气质的女人，一生都不会在找不到恋爱对象这件事上发愁。

在偶然的邂逅中坠入爱河，谈一场把周围人都卷入其中的轰轰烈烈的恋爱，最终却以惨淡的分手收场。能上演这一幕的情侣，大体上双方都是循环气质。由于两人都想获得对方的认可和喜爱，在双方刚刚相遇的时候，就会相互极力表白、吹捧对方，例如“一见到你就像被闪电击中了”“今生就是为了与你相遇而来的”。受到这些言语的刺激，双方脑内的快感物质和兴奋物质都被大量释放，其结果就是双方很快进入“恋爱中毒”的状态中。

分手的原因往往是因为某一方出轨。归根到底，两个循环气质的人恋爱，互相欺骗就是其宿命。如果能克服这种悲恋的

---

1 又叫信息素，一类分泌到机体外的、可被同种属的其他个体感知到的激素。——编注

痛苦，其人格就能得到成长。

弥补自己的弱点

1.即便表面上看起来很强势，其本质却是很怕孤独的人。如果孤独的状态长时间持续，内心的平衡容易崩溃。为了获得心灵上的安定，要保证与合得来的人每天都有10分钟以上的交谈时间。

2.循环气质的人拥有在陌生人群中也能很轻易地打破沉默、轻松地与人交流的能力。但是，稍不注意就容易自己一个人说过了头，甚至在不经意间就伤到了对方，自己却不自知。这都是需要特别注意的。

3.在别人眼中，循环气质的人总有一种说不出来的傲慢感。所以，要记住经常向周围人传达感恩、感谢之意。

如果对方是循环气质（主角型）

1.面对具有循环气质的另一半，可以允许他天真烂漫、撒娇任性。然而，**对一些清晰明了的、涉及原则方面的事情，自己也一定要无所畏惧、极富耐心地向其表达。**

2.循环气质的人，只要说话就能使自己的情绪安定下来，因此请耐心地倾听其倾诉。只有你先听他说，他才能听得进你的话。

3.对循环气质的人的发言不必照单全收，可以打个折扣。在非正式场合，听个百分之五六十就可以了。因为对这类人来说，事情是否真实并不重要，能不能带动整个气氛、让整个谈话充满乐趣才是重要的。只要你知道了这一点，就无须太去跟他较真，被其所谓的“善意的谎言”牵着走，而是可以从欣赏的角度去重新看待他的幽默。

被DNA所刻录的遗传基因特征

容易兴奋，容易被认出

如第39页已经提到的脑内神经传递物质，循环气质的人拥有与儿茶酚胺（神经传递物质的一种，去甲肾上腺素及多巴胺等兴奋物质的总称）分泌相关联的遗传基因。当遭遇敌人时，循环气质的人的脑内可以大量释放这些兴奋物质，促使猴脑兴奋。猴脑处于兴奋状态下，就能瞬间对接下来的行动做出判断：是立刻勇敢迎战，还是立即狂奔逃跑。因此，循环气质的人有一个**明显特征，就是拥有很强的能量场，即便位于芸芸众生中也很显眼，**立刻就能被认出来。

非常喜欢别人的赞美之词，喜欢被人赞美

这种人拥有与“他者报酬”相关联的报酬依赖遗传基因。“他者报酬”是指从别人那里获得肯定和赞美。循环气质的人一旦得到了别人的赞美，脑内就会分泌快感物质多巴胺，以及麻药样物质阿片类。总之，被人认可、被人赞扬是其生活的能

量源。对于其他DNA气质的人来说，可能会觉得难以想象，然而对于循环气质的人来说，如果生活中缺少了诸如“你真漂亮”“你是最棒的”“我好爱你”这样的赞美之词，缺少了来自周围人的宠爱和阿谀奉承，是很难自在地生活下去的。哪怕是拍马屁或者谎言……

只要自己好就够了

通过获得来自周围人的认可，让自己生存下去，是循环气质的人的生物性策略。这是典型的“只要自己好就够了”的策略。但是，从DNA刻录的层面来看，去赞扬其“好”或批评其“坏”都是没有意义的。循环气质的人靠这个策略生存并世代保留了下来，对于他们来说，这就是“正确的”生活方式。

祖先的创伤倾向：警戒心特别强

世代祖先都有容易制造出“背叛别人”或“被别人背叛”的创伤的倾向。由于一直以来循环气质的人都是以“只要自己能够生存下去就好”的策略来生活，因此经常会产生“可能会被谁背叛”的警戒心。如此一来，实际上，他们要么被背叛，要么先下手为强背叛别人……但不管谁先背叛谁，其结果都会在他们心里留下深深的伤痕，而这种创伤又会向子孙后代传递。

科普知识

循环气质类型的行为模式与黑猩猩的模式高度相似

循环气质类型的行为模式，与类人猿中黑猩猩的性格、行为非常相似。例如，黑猩猩中不管是雄性还是雌性，其交尾对象都不固定，经常改变性伴侣。循环气质的见异思迁性也可以说是从黑猩猩时代开始，就像种子一样被保留下来的生存战略。

此外，黑猩猩是以雄性为首领创建的父系集团。雄性同伴之间会通过用手触摸对方的身体，或者用口对口的亲吻来保持友好关系。为了避免引发斗争而采取的很多做法，都被循环气质按原样继承下来。

只是族群的首领更替时，杀子夺嫡的情况经常发生。雄性黑猩猩到18岁左右成年，前任首领的孩子如果尚未成年，经常会被杀害。之后，新首领会与雌性黑猩猩产下自己的孩子。

黏着气质（亲子型）

固守原则，可靠，浓浓的亲情

约20%的日本人在普通的生活环境中，该气质的DNA遗传基因处于“开”的状态。这是在公司的经营者、组织的领导者身上常见的气质。如果自身没有点儿黏着气质或循环气质的话，可以断定，作为经营者来说，要想成功基本上是一件很困难的事。

中国歌手韩红就是这个气质的典型代表。[1]单从外表来看，黏着气质的男性多少有些军人作风，女性则很多都拥有像妈妈

1　此处为译者所加。

一样喜欢照顾人的感觉，但实际上这两者心里都像玻璃丝一样纤细。黏着气质的人拥有浓浓的亲情，为了守护自己所爱之人，就算是牺牲了自己的生命也不在意。

黏着气质的人是这样生活的

- 性格单纯明快、有忍耐力、顽强，做事有条不紊，但也有工作不灵活、不擅于随机应变的一面。

- 最讨厌别人扰乱秩序，喜欢遵循社会常识和规范来行动。凡事都喜欢讲原则，一旦违反了原则，就会从内心感到排斥和抗拒。

- 由于思考的模式相对缓慢，因此对于一些短时间内的急剧变化，难以做到灵活、及时地应对，例如谈论一些不聚焦的、东拉西扯的话题，或者突然被安排了其他工作等。在处于超速模式中的循环气质的人看来，他们很容易被误解为“这人真笨”。然而，要知道，思考的速度缓慢并不等于思考的水平低下，这一点必须注意。

● 拥有沉着冷静、不容易被一些小事分心的特点，能够保持长久的专注力，很有定力。

● 比较重视上下级关系。职位在上的人，会成为值得依靠、能负起责任、经常照顾下属的人；职位在下的人，会尽职尽责、对自己的上司非常忠诚。

黏着气质的人

● 由于性格中有顽强的一面，所以会表现出重情重义、有博爱的胸怀，哪怕是只有一面之交的朋友也不会背叛。此外，由于黏着气质的人具有较强的忍耐力，即便发生了自己不认可、不喜欢的事，也容易把怒气压在心里。但是，怒气的积压一旦超过界限，就会不顾一切地一股脑儿爆发出来。

恋爱模式

黏着气质的人即便谈恋爱，也容易把上下级关系带入其中。自己处于强势角色时，不但会想要彻底地、全方位地照顾对方，同时也要求对方服从自己。结婚之后，黏着气质的男性基本上无一例外地表现出大男子主义，而女性则变得像妈妈一样母爱泛滥。能成为众星捧月的奥运健将的妻子、把淘气的丈夫捧在手心里的，大体上都是黏着气质的女性。

而与此相对的，当处于弱势角色时，黏着气质的人则愿意全心全意地献身于对方，甚至有愿意成为入赘女婿、竭尽全力服侍妻子的黏着气质的男人。当然相应地，他也会要求妻子在家里有很强的领导力。

对循环气质的人来说，他们很难保证不出轨或背叛对方。但黏着气质的人**基本上自己都不会出轨**（即使表面出轨，基本上也是一夫多妻制时代留传下来的适应性），**而且也绝不允许对方出轨。**出轨对他们而言，就等同于深深地伤害了其隐私的背叛行为。

事实上，与方式笨拙、不会说甜言蜜语的黏着气质谈恋爱，的确是缺乏乐趣的。然而，无法把恋爱当游戏一样来享乐的黏着气质，恰恰也表明了他的认真。由于他**一旦喜欢上对方，就想把这份爱贯穿始终，**因此恋爱对象就等同于结婚对象的例子并不少见。

弥补自己的弱点

1.比起如爱情一般的横向关系，**注重礼仪的纵向关系**更能让黏着气质的人内心获得安定，例如上司与下属、老师与学生、长辈与晚辈等。重要的是，能够拥有明确定位的、有相互角色和任务的人际关系。

2.从黏着气质的角度来看，这世间不合情理、扰乱秩序的事情实在太多。然而，任何人都不可能练就与之一一对抗的本领，因此不要过分地执着于安定与秩序。总之，可以表明自己的意见，但对于怎么也无法被采纳的意见也无须过于在意、卷入太深。

3.为了遵守自己心中定下的规矩和原则，黏着气质的人容易让自己的视野变得狭窄，所以不要过分拘泥于“应该这样、应该那样”的想法。

如果对方是黏着气质（亲子型）

1.千万不要欺哄、挖苦他，或随意与他开玩笑，而应以诚实的态度去应对。

2.黏着气质的人即使口中不说，心里也有很强烈的被人理解的愿望。但是，一定要清楚地让他知道，自己的想法和感受如果不用言语表达出来，别人是不可能完全理解的。由于黏着气质的人不太擅长对话，因此就算是用便签、微信或E-mail等方式，也要努力把想要说的话表达出来，这一点非常重要。

3.黏着气质的人往往因为太拘泥于自己心中的所谓规矩或原则，而看不清周围的状况，因此有时向他明确地指出该弱点也是有必要的。只是一定不能忘记上下礼仪，可以巧妙地应用便签、微信或E-mail等方式。

由DNA所刻录的遗传基因特征

泰然自若

黏着气质与循环气质一样，都拥有与兴奋物质去甲肾上腺素相关联的遗传基因，因此显得精力充沛。除此之外，黏着气质还拥有与自信物质5-羟色胺相关联的遗传基因，因此与情绪周期性波动起伏的循环气质不同，黏着气质的人显得更加沉稳冷静。

情谊深厚

黏着气质的生物性策略体现为遵守族群（家族或组织）的秩序，使自己生存下来。对扰乱秩序的人会感到怒不可遏，甚至搭上性命也会与之战斗到底。

祖先的创伤倾向：帮扶弱者

世代的祖先中，有搭上性命与敌人作战，却以惨败而告终的创伤情感在传递的可能性。自古以来的黏着气质，在面对对方时，对方越是拥有权力，越有可能挑起盲目的战斗。这种武士精神，即便在现代社会、在家庭当中，也不无遗憾地被持续发挥着。

科普知识

黏着气质的行为模式与大猩猩的模式高度相似

与黏着气质的性格、行为模式相似的，是比黑猩猩的进化过程更早的、大约700万年前与人类祖先分离的大猩猩的气质。

说起大猩猩，大家的脑海里多半会立刻浮现它用双手叩打自己的胸部、发出大鼓般的响声这一画面吧！也正因如此，它给很多人留下的是凶暴的印象。其实，这只不过是为了避免争斗而做出的威吓震慑对方的姿势而已。大猩猩不仅不凶暴，而且拥有温和、细致的性情。研究显示，大猩猩还容易经常性地患神经性腹泻。

大猩猩的社会虽然是一夫多妻制的社会，但它们拥有爱家族的习性，会与自己的结婚对象相扶相助、共度一生。只是，如果生下的幼崽是雄性的话，一家人有可能会发生争抢。在孩子小的时候，父亲可能会非常关爱孩子，但是随着孩子的成长可能会发生一些激烈的冲突，最坏的情况有可能发展为互相厮杀。

反观人类的家庭也是如此，如果父亲是黏着气质，生下的刚好是个男孩，那么到了父子冲突日益严重的反抗期，最好能让孩子离家独自居住。因为一个家里不需要两个领导，让父子间保持距离是非常有必要的。

自闭气质（我行我素型）

擅长自娱自乐的艺术家

约60%的日本人在平时的生活环境中，该气质处于“开”的状态。与莱昂纳多·达·芬奇地位相当的文艺复兴时代的巨匠米开朗琪罗应该就是自闭气质，而达·芬奇看上去更像循环气质。相传，这两个人的关系是相互贬低对方作品、宿命般的竞争关系。可即便如此，比较循环气质与自闭气质的价值观，就好比水与油一样，其本质本身就存在巨大的差别。

以行为奇特著称的物理学家爱因斯坦绝对是个自闭气质的

人。对自闭气质的人来说，最重要的是拥有独自的价值观，比起别人怎么想，他更在意自己怎么想。该气质的另一个重要特征是，虽然外表看起来感觉像是顺从的，可外表与内心总是相互矛盾的。

自闭气质的人是这样生活的

- 不容易被利害关系或社会规范左右，愿以自己的本心去面对世间的人和事。

- 有感觉敏锐、情感纤细的一面，能敏感地觉察到他人的心情。人类的大脑内，有能够与他人的感情产生共鸣的、被称为“镜像神经元”的脑细胞，从脑科学的角度来看，自闭气质的人可能是该细胞比较发达的人群。

- 一方面，对他人的心情较为敏感，也容易受到他人的影响；另一方面，比起外在世界来，有对内在世界更感兴趣的倾向。其结果就是，容易沉浸在自我的世界中而产生钝感。

●拥有自己的价值观。如果不能保证个性的话，容易导致情绪上的不安定。对自闭气质来说，周围人如何看待自己先放在一边，自我表现很重要，连自己的着装也是重要的表现部分，有自己独特的、偏执的方向。

●不允许自己说阿谀奉承的话，更不允许自己撒谎、骗人。

●会有意识地避开需要被别人认可的事，期待以自我满足的方式来生活。

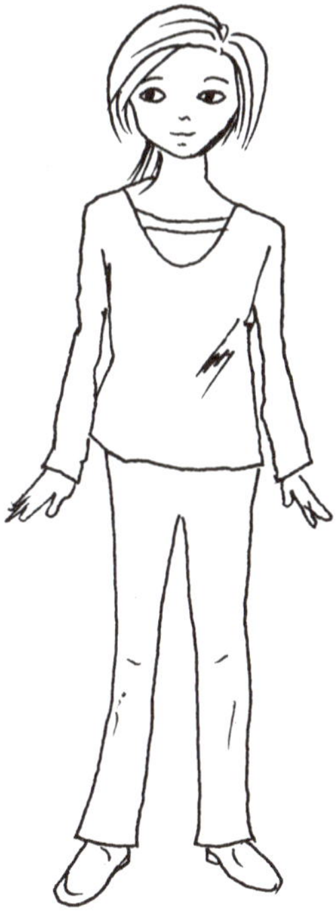

自闭气质的人

● 寻觅到自己喜欢的工作和兴趣之后，会一点点地用自己的节奏和速度来运作。在找到适合自己的职业之前，其艰难迂回的程度也因人而异。可以说，日本社会就是个由“自闭”的工匠人气质所支撑起来的社会。

恋爱模式

外表安静、客气谨慎的自闭气质的人，即使遇到了喜欢的人，也不会因为外激素的影响而做出勾引诱惑对方的行为。以动物学的观点来说，什么时候是自闭气质的发情期，从外表上是很难看出来的。

然而如此一来，其喜欢对方的心情是无法让对方感受到的。自闭气质的人恋爱之所以特别容易以单相思收尾的原因，大概就是因为这种消极的恋爱行为所致吧？自闭气质的恋爱观，与追求飞蛾扑火般惊心动魄爱情的循环气质相比，真可谓截然不同。这类人有些会从恋爱游戏中半途退出，甚至产生

“就算注定孤独终老也未尝不可”的想法。

自闭气质的人很少会做出自己主动向对方表白的行为。相反，被对方求婚之后，无法断然拒绝对方就此结婚的案例却不在少数。而这个对方基本上都是与之气质相异的循环气质或黏着气质。自闭气质的人不但不撒谎，而且感情专一，基本不会搞婚外情。作为恋爱对象，可能会缺少一些浪漫情趣，但作为人生伴侣，却可以说拥有难能可贵的魅力。

弥补弱点

1. 自闭气质的人基本属于只要自我满足就可以生存下去的人。由于很容易受到周围人的影响，切记不要与人走得太近。为了保证自我的独特性，与人交往时最好能保持适当的距离。此外，请一定每日都留出个人独处的时间。

2. 自闭气质的人不适合竞争激烈的工作，最好能在有资金援助或国家单位保护的基础上，从事自己真正感兴趣的工作。

例如，取得国家资格证，在竞争不甚激烈的领域工作；或者依靠父母养活的同时，专注地投入到诸如艺术等领域……现在被称为“啃老族”的年轻人，很多正是采用这种生活方式。换一个视角看，很多自闭气质的生活方式，也可以说是对耗尽地球资源、极度奢侈的生活方式的一场安静叛逆，而这种“自闭”的生活方式的确有可能成为未来社会的主流。

3. 自闭气质的人有不愿表达的特征。有不懂的地方或感到疑惑时，请不要默不作声，要么答应一声，要么做个表示诧异的表情，总之无论如何先给点儿反应。此外，如果对别人拜托的事感到厌恶，请一定去觉察身体所表示出的拒绝反应，找到恰当的理由果断地拒绝。想法要是不表达出来，别人压根是不会理解你的。

如果对方是自闭气质（我行我素型）

1. 在不同的场合，与自闭气质的人讲话时，请慎重选择语言。特别是循环气质的人，一定要扪心自问自己所说的话到底是不是谎言。即便你没有欺骗他的想法，但自闭气质的人可能几年甚至几十年后都会记得以往发生过的事，并可能因此责备你。

2. 自闭气质有不愿表达的特征，而且由于他容易自我封闭在自己的世界里，在外人眼中，会有反应迟钝、不合群的感觉。请耐心地对他说，“无论如何请你先说说看”“如果你讨厌的话，不管怎样先拒绝试试”，你要主动**动员他说出心里的话。**

DNA所刻录的遗传基因特征

❤ 擅长自娱自乐

与循环气质拥有“他者报酬依存型”遗传基因相对，自闭气质拥有“自我报酬依存型”遗传基因。其特征为，就算没有得到别人的认可和夸奖，只要做了自我满足的事或者自己主动去爱他人（超越男欢女爱之情，代表更为博大的慈爱方式），就能使大脑神经传递物质之一的快感物质多巴胺的分泌量提升。

❤ 安静沉稳

拥有与镇静物质葛巴丁相关联的遗传基因，该物质能使心情安定。正因如此，看起来就像安静沉稳的哲学家一样会表现出内省的一面，但在团队里的存在感却稍显薄弱。

❤ 在外界庇护之下能够充分发挥实力

在强者的守护下生存是自闭气质的人的生物性策略。虽然拥有在精神层面上不依靠别人、可以独立生活的遗传基因，但真要贯彻这一点却难于上青天。例如米开朗琪罗，正因为有了教会这个后援团的强有力的支持和守护，他的丰功伟业才得以在历史长河中保留下来。

❤ 祖先的创伤倾向：较强的自我封闭倾向

如今，孩子受到欺负、年轻人闭门不出等已经成为社会性问题，这样的孩子或年轻人想必就是拥有自闭气质的。像这些孩子一样，自闭气质的人世代祖先当中，拥有被人欺骗、被人欺辱、被团队孤立等创伤体验，以至于后代容易有类似的倾向。

科普知识

自闭气质的行为模式与猩猩的模式高度相似

与自闭气质的行为模式相似的，是比大猩猩的进化过程更早的、大约1000万年前与人类祖先分道扬镳的猩猩。猩猩大都不过群居生活，而是过着半单独的、在树上的生活。雄猩猩不会亲自参与养育孩子的过程，而有孩子的雌猩猩则会有意识地避开其他雄猩猩。相对人类而言，即使被整日在职场上打拼忙碌的妻子恳切拜托，自闭气质的丈夫也不会有当个家庭主夫、好好支撑起这个家的意愿。此外，与黑猩猩不同，猩猩这个种族中从来没有出现过杀害孩子的报告。

从外表上无法判断出雌猩猩的发情期。结婚后有孩子的雌猩猩，其发情期与生育间隔达到六七年之久，这是在已知的灵长类动物中间隔最长的。猩猩缺乏性主动，这一点与部分人类在结婚前后的表现也有高度的相似性。

压力气质的自我，

主动采取行动是通向婚姻的捷径

接下来要给大家介绍的，是作为“配菜”的气质，这3种当中有两种完全可以称为压力气质。由于其信息是由比猴脑的进化更加久远的猫脑和蛇脑所刻录，我认为这些都是基于濒临灭绝或生命危机的记忆之上所产生的气质。

那些想结婚却始终难以走进婚姻的人，在人格气质的基础上，一定兼具其中一种压力气质，或者两种皆有。灵长类时代的生存策略所造成的人格气质——循环气质、黏着气质、自闭气质，如果百分之百只具备那种气质的话，绝不会对恋爱或者结婚等问题产生疑惑及烦恼。反倒是纯粹的循环气质的人会反感从一而终的婚姻，他们大概会选择一条一生都只谈恋爱就足矣的道路；纯粹的黏着气质的人，理应会走一条勇猛地追求心上人、强迫对方与自己结婚，并热衷于建立幸福家庭的道路；而纯粹的自闭气质的人则可能会抱定独身主义，一头扎进兴趣或艺术的世界里，过自由自在、悠然自得的人生吧！

很想结婚却总难如愿的人，兼有一种或两种压力气质的可能性很大。一种是总找借口“没有与异性相遇的机会啊”，而有了与异性相遇的机会却又抱怨“根本寻不着理想的对象”，如此这般**总能罗列出各种理由的不安气质**；另一种是**之后将要讲述的执着气质。**

但请千万不要因为具备这样的气质而对自己失望。诚然，具备压力气质的人可能会感到有很多烦恼，但如果克服了这些烦恼，则能拥有更加丰富多彩、辉煌灿烂的人生。能够深刻地去理解世人之痛的人，也是具有压力气质的人；同时，具有压力气质的人中，克服了自身的问题和烦恼，拥有高尚人格的也大有人在。

通往幸福婚姻的捷径，就是**主动意识到自身所具有的压力**

气质，并真正掌握控制该气质弱点的方法。如此一来，必将迎来比以往更加愉悦和轻松的人生。这样快乐的你的周围，一定会自然地聚集很多人，而你的“白马王子”也理当身在其中。

不安气质（紧张兮兮型）

虽然有充分被爱的资格，但内心纤细敏感，容易担心

据观察发现，约70%的日本人在日常生活环境中该气质的DNA处于“开”状态。不具备该基因的日本人可以说是少数。

敏感纤细的不安气质容易感受到焦虑不安，稍微一点儿刺激都可能导致其产生过激反应而陷入恐慌状态。此外，其同情心及温柔慈爱的特性都比其他人要高许多，即便自身完全具备被爱的资格，可内心容易出现类似“反正像我这样的人”的自我否定感，因此恰恰经常是自己放弃了追求幸福的机会。

虽然希望自己被别人理解的念头很强烈，但在胡思乱想中的不安气质很难把这种想法直截了当地说出来。自己不说的话，别人是很难理解的，因此“反正像我这样的人”这种否定的心声会越来越强烈，自己也很难从这种恶性循环中摆脱出来。

不安气质的人，是这样生活的

- 不安气质的人经常处于紧张兮兮的状态中，例如感冒稍微长一点儿，就会担心“是不是得了禽流感啊”，无意识中会习惯性地把事情往最坏的方向去想。因此，不管什么事，他们都容易捕捉到悲观方面，因过度担心，容易感到紧张不安。

- 不安气质的人感到焦虑不安的大部分事情，周围人的反应基本上都是“根本不是他所想象的那样”。也正因如此，不安气质的人会觉得谁都不理解自己，在孤独感当中独自体会着不安和恐惧。

- 由于神经质，不安气质的人会不断地传递出紧张兮兮的信号。此外，也有些人在自己胡思乱想的念头中，会觉得自己与周围的人格格不入。

- 对周围人容易产生过度的警戒心或敌意（内在愤怒），由这种胡思乱想可能制造出一些妄想。更有甚者，容易产生“自己是被排除在外的”“自己是被别人瞧不起的”等被害妄想，这也是某些不安气质的心理习性。

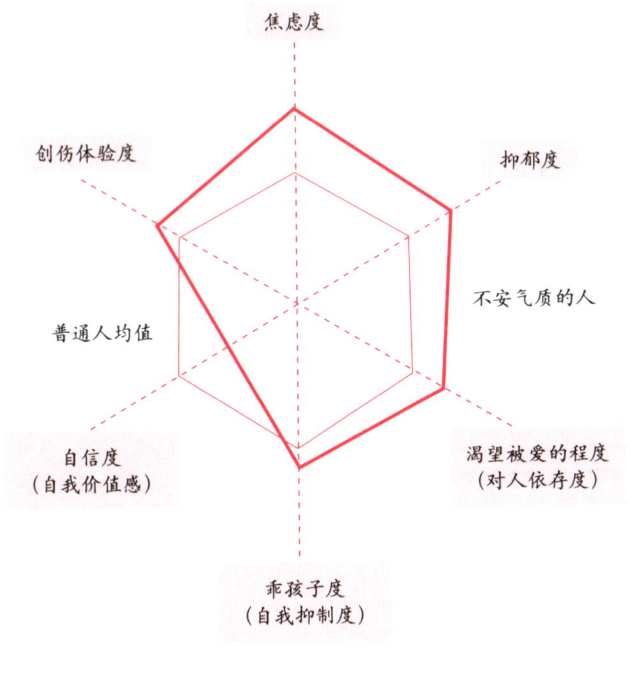

不安气质的心理特性指示图

● 突然被别人征求意见的话，有可能会瞬间丧失冷静，头脑中呈现一片空白的状态。如此这般短期的压力虽然容易造成恐慌状态，但却可以起到长期风险管理的作用。

不安气质

容易感到焦虑不安（焦虑感）

↓

容易陷入抑郁（抑郁感）

↓

拥有强烈的希望自己被他人理解的心情（渴望被爱）

↓

但是无法坦率地表达自己的真实感情（乖孩子特性）

↓

认为自己很糟糕（自信心低下）

↓

容易经历创伤体验

恋爱模式

不安气质的人对自己没有自信，也容易对自己是否能够得到幸福而感到焦虑不安。当然，本人对此是无意识的。但也许正是这种不安，最终为自己通向幸福的婚姻殿堂拖了后腿。

但是，不要放弃，**只要能克服这种容易害怕、神经质的弱点，**就一定能够遇到能理解你的、善良并能温柔地包容你的弱点的人生伴侣。

弥补弱点

为了让不安气质的人能够拥有结婚体质，我已经写成“幸福指南”放在第六章181页中。尚未到达结婚阶段，只是单纯地叹息“生活真不容易”的人，请仔细参考一下。

如果对方是不安气质（紧张兮兮型）

1.不安气质的人恐惧感的强度，是没有该遗传基因的人绝对想象不到的，这一点请牢记。**请不要不问青红皂白就大声否定对方“根本不可能有这回事”，也不要轻易冲对方发怒。**

2.**提醒对方要注意可能是因胡思乱想所导致的妄想。**这种时候，绝对不要口气强硬地否定对方“你这就是在胡思乱想”，可以若无其事地问对方“那你想要什么呢”“要怎么样你才会感到安心呢”等。

DNA中所刻录的遗传基因的特征

❤ 容易心慌、心跳快

不安气质的遗传基因与属于神经传递物质之一的、能制造出紧张不安的物质——去甲肾上腺素相关联。人一旦开始紧张就会产生心慌、心跳快的反应，是基于去甲肾上腺素分泌的化学反应。不安气质的脑内，去甲肾上腺素这种物质被不断地、大量地分泌着。

❤ 自己抚摸自己就会安心

自信物质5–羟色胺能够抑制去甲肾上腺素的分泌，然而不安气质的人却具有容易使5–羟色胺代谢为其他物质的遗传基因，因此易导致5–羟色胺的量不足，总是不由自主地感到没有自信。而本人无意识中所采取的对策就是交叉抱手、跷二郎腿或托腮等行为。这些都是属于触摸身体的行为，而这些行为恰恰拥有像抗抑郁药一样的、能够确保5–羟色胺的分泌量的效果。

❤ 经常表现出紧张兮兮的神情

不安气质的人经常表现出僵硬的表情。去甲肾上腺素这种神经递质，能使自律神经中被称为紧张神经的交感神经紧张兴奋，而交感神经一旦紧张就会使面部的表情肌变硬。如果“紧张”的感觉从大脑中涌出，人会失眠；从肩膀涌出，会感到肩酸背痛；从胃部涌出，会出现食欲不振；从腰部出来，会腰痛……在不安气质的人当中，应该很多人都有以上部分或全部的症状。

❤ 祖先的创伤倾向：人生绝望

世代的祖先里，有些人曾因为自己的胡思乱想、自以为是所认定的一些原因，使人际关系产生过矛盾或遭受过重大损失，因此向子孙传递了容易产生伤心体验的倾向。打个比方，因为假想出上辈子的一些事，所以产生了恐惧，进而做出伤害他人或者耗尽全部家产等行为……每到这种时刻，这类人就会反复体验对人生感到绝望的感受。

科普知识

“不安气质”把自己的族群从危机中解救出来

对不安气质的人来说，5年后、10年后可能会发生的地震、股价大跌、粮食危机、家人的健康或死亡等，都会成为他焦虑不安的种子。

在日本，小学校园里经常能看到二宫金次郎（尊德）先生背负柴火的雕塑。尊德先生本人应该就是不安气质的人，据说在天保大饥荒（1833～1836年）爆发的数年前，他就预测到这场危机，大力呼吁农民们种植更能抵御冻灾的日本小米。

不管是哪个朝代，即使是人类出现之前的时代，应该都不乏像尊德先生这样的不安气质，从而把自己的族群从灭绝的危机当中解救出来。我们甚至可以说，正是托了这些不安气质的福，我们才有了今天的生活。

执着气质（一本正经型）

严于律己、严于律人的奋斗家

据观察发现，约50%的日本人在日常生活环境中该气质的DNA处于“开”状态。在这些执着气质的努力下，日本经济才得以飞速发展，这种说法其实也不为过。

只是对执着气质的人而言，他们压根不知道什么叫适可而止。工作就不用说了，对待自己的兴趣爱好也好，人际关系也罢，甚至连打扫卫生也追求“完美”。他们对自己、对他人都要求甚高，很多时候会让自己及身边人都难以招架。

也正因如此，执着气质的人对结婚对象所要求的爱，也理所当然是完全的爱：希望对方对自己无条件地包容、理解和接受，能把自己融进骨子里的那种爱。然而，**这个世间真的存在这种完美的爱吗？**拥有执着气质遗传基因的人，对待结婚一定要切记，只有宽容自己、宽容他人，才可能接近现实的生活。

执着气质的人是这样生活的

● 拥有强烈的热衷性、彻底性，强烈的责任感、义务感，诚实、完美主义等倾向；拥有不管做什么，都难以获得“满足的快感”的遗传基因，因而会持续努力地去行动。

● 与不安气质的人一样，容易传递出紧张兮兮的信号，态度和表情也会表现出专注和严肃的样子。虽然本人可能并未察觉，其实自己经常扮演着裁判长的角色，“自己在这个方面还不行”“那个人在那个方面实在是够呛”，诸如此类，无意识中一直在审判着自己和周围的人。

● 属于典型的容易压抑自己的真实心情，沿着周围人的期待去努力的“乖孩子”类型。用过于严苛的标准来要求自己和他人，容易使自己和他人都深受其苦。对于约会时踩着点儿到达或者仅仅提前5分钟才现身的对方，立马贴上“迟到者”标签的人，大体上都是执着气质。他们多半都拥有一种令自己痛苦的习惯，那就是一边在责备对方的同时，另一边也在责备自己心胸的狭窄。

● 不停地追求对自己的确信以及对爱的确信。因此，不管周围人如何褒奖自己或对自己表白，“你真的很优秀”“你是我们队伍中不可或缺的”“我只爱你一个人”……他们也无法真正感到安心。

● 有时，在对自己和他人都抱着过高期待的同时，自己的身心却被“这种期待根本不可能实现”的思想控制，从而处于放弃状态。

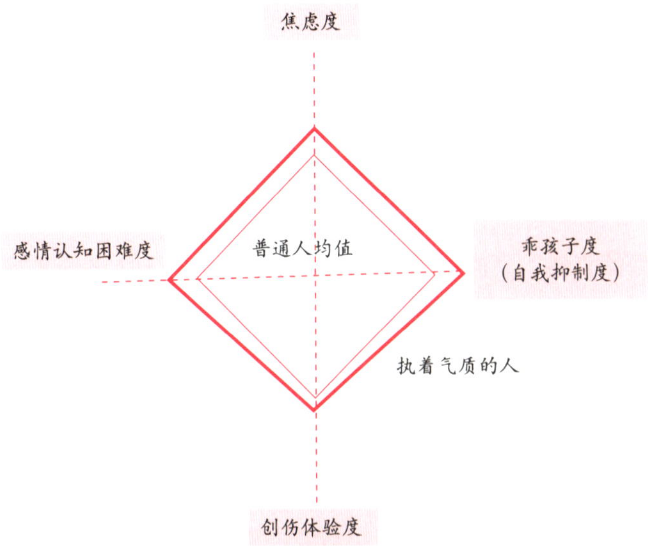

执着气质的心理特性指标图

执着气质

容易感到焦虑不安（焦虑感）

↓

压抑自己迎合周围人的期待（渴望被爱）

↓

容易经历被周围人背叛的创伤体验

↓

为了不去感受这些艰辛和痛苦（感情认知困难），

强迫自己忍耐，拼命加油

恋爱模式

想要获得爱的确信的执着气质，无法停止经常想去确认对方爱的真假。“昨天，你说了爱我，那你今天还爱着我吗？”“你到底有多爱我啊？”“你爱我的什么地方啊？”……对那些不具有相同气质遗传基因的人来说，仅仅听到这些毫无缘由的问话，怕是已经开始后悔喜欢上对方这件事了吧？

执着气质的人所追求的是无条件的爱——能接受自己的本来面目，能对自己说“现在的你就很好了啊”，能用全身心来包容自己的爱。通常情况下，能拥有这种爱的人，是在自己的孩提时代经常被父母温柔地拥抱、自己想说的话也完全能被父母倾听的人。

然而，执着气质的人在童年大体上都没有获得过如此的爱。因为，如果自身具有该气质，则自己的父亲或母亲、祖父或祖母身上也一定具有该气质，而该气质在家族谱里面，对于无条件的爱的饥渴感可谓世代相传。因此，他们才会对恋人或结婚对象有如此高的期待，内心无比希冀对方能来填补这个缺憾。

强烈的结婚愿望源自拥有强烈的追求“爱的确信”的心情，但由于追求的是完全的爱，因此很难寻觅到适合的对象。如何从这种进退两难的窘境中抽身而出，是这种气质的人获得幸福婚姻的关键。

弥补弱点

为了让执着气质的人也能够拥有结婚体质，我已经写成“幸福指南”放到了第六章的181页中。尚未到达结婚阶段、平时感叹用力过度的人，请仔细参考一下。

如果对方是执着气质（一本正经型）

1.当你面对执着气质的人时，请牢记**不要向他施加压力。**

因为基本上，该气质的人不用别人说，自己已经在跟自己暗暗较劲，已经在拼命努力的过程中了，所以你只需相信他，尽量做到去支持和守护他即可。

2.想办法尽量让他意识到，“不要把对自己的要求强加到别人身上”。

3.直接坦率地去认可他好的方面，这一点很重要。此外，当感觉到他因考虑过多而踌躇不前时，可以温柔地提醒他：“要不先行动起来试试？可以在行动过程中再思考呀！”

DNA中所刻录的遗传基因的特征

❤ 对于一般程度的赞美，绝不会感到满足

执着气质的大脑内拥有“报酬不全”的遗传基因，这是一种与脑内的快感兴奋神经传递物质——多巴胺结合困难的遗传基因。所谓报酬不全，就是对于一般程度的赞美是根本不会感到满足的。正因如此，拥有执着气质的人，为了稍微多获得一

些赞美与肯定，以便让自己多一些快感，会持续地加油努力。然而，不管他们多么拼搏、多么努力，都无法得到自身期待中的那种快感。可以说，拥有该遗传基因的人，注定了他的命运就是，一生都无法去体会到本人所渴望获得的那种满足。

❤ 祖先的创伤倾向：超越极限的认真

在世代的祖先里，因为自己的态度严谨认真、过分一本正经、认死理、钻牛角尖等原因，容易向子孙后代传递陷入抑郁，甚至自杀、想结束生命等心伤体验的倾向。因此，后代中有很多人都会陷入烟酒依赖、药物依赖、性依赖、强迫症等烦恼中。

科普知识

执着气质的人最喜欢做有用的事

在执着气质的人中，有不少拥有典型的“救世主综合征”。当他们做了对别人有用的事情后，就会从中得到确信：“我是被需要的，我是重要的人。”然而事实是，他们虽然内心打算去帮助别人，可往往实际上更想获得帮助的是自己。

拥有救世主综合征的人群常见于护士、护工等医疗、社会服务的从业者，以及教师、保育员等教育领域中从事对人援助的人群。由于这些职业本身就对严谨认真、执着敬业的态度和精神有很高的要求，因此比较容易聚集到执着气质的人，也就不足为奇了。

新奇气质（突发奇想型）

新奇气质的遗传基因，是能够呼唤幸福的遗传基因

最后剩下的是新奇气质的遗传基因，这是一种能够带来幸福和幸运的遗传基因。在全体日本人中，大约有40%的人在日常的生活环境中该气质处于“开”状态。新奇气质的人，一遇到新奇事物、不一样的东西就会眉目生辉。那些有跨国婚姻的人恐怕都是拥有新奇气质的人，而那些追求新天地、移民新大陆的人应该也同样都是拥有该气质的人吧！

压力气质中，不安气质和执着气质的人在做什么事情时，都会给自己施加很多压力，例如“必须为了得到别人的认可而努力”等。比起乐在其中，他们更容易把实施任务的过程变成一种苦差事。

而新奇气质的人，**仅仅因为“觉得有趣”这样单纯的动机，就可能去挑战新鲜事物。**虽然也会遭受压力，但一般是能制造出生活乐趣的良性压力。就算在自身的压力气质中拥有前两种遗传基因（不安和执着），其弱点也能部分被新奇气质的遗传基因止损。正因如此，也有人把它称为**幸福的遗传基因。**

新奇气质的人是这样生活的

- 拥有非常旺盛的探求欲，有被新鲜、奇异的事物所吸引的倾向，面对新奇事物时会眉目生辉。

- 虽然有非常积极向上的一面，然而换个角度看，其实也有冲动、心血来潮、不按牌理出牌、攻击、没有耐性等特征。

恋爱模式

面对新奇事物就眉目生辉的新奇气质，会对恋人或结婚对象有不一样的追求，比如追求跨国婚姻、家世背景不同的对象，当然还有追求拥有不同DNA气质的人……新奇气质的人具备让双方的关系升温的能力，他能识别跟对方有什么样的缘分，**能与对方共享什么样的期待和乐趣，**有与众不同的看问题的视角。

由于好奇心旺盛，新奇气质的人总是掌握着愉悦人生的技术，与这类人谈恋爱，应该会让人心动不已。然而与此同时，这类人也会因为**一想到什么，凭感觉就行动，因而也会经常有陷入危机的风险。**尤其是不安气质的人，总是被新奇气质的对象搞得晕头转向、倍感危险，因此很多这样的组合最终只能走上分手的道路。

在此，给大家一个有用的建议，在选择结婚对象时，请留意一下对方在心理检测量表中新奇气质这一项上的得分，要么选择分数相同者，要么选择差异在1～2分范围内的人。预想一下，当你在说“这可真有趣”的时候，你身边能有个人赞同“哈哈！是啊，是啊，是挺有趣的”，单单这一点就能让你的人生增添不少快乐。

弥补弱点

1.突然冒出来的念头，不要急着马上去实行，请花点儿时间去检讨一下这会不会是一次毫无意义的行动。

2.在行动之前，请先听听别人的意见，尤其是听听拥有不同DNA气质的人的意见。因为同样拥有新奇气质的人，通常只会起到火上浇油的效果。

如果对方是新奇气质（突发奇想型）

- 很重要的一点是，请一定去倾听他的想法，但不要轻易地表示认同。试着向对方传达现实层面的意见。

DNA中所刻录的遗传基因的特征

喜欢惊喜

与执着气质的人一样，新奇气质的大脑内也拥有与脑内快感兴奋神经传递物质——多巴胺结合困难的遗传基因。执着气质通过不断努力来获得多巴胺，而新奇气质的人却不同，他们能从新奇的、引发惊喜的事物中获取多巴胺。

喜欢新鲜事物

与其他两种压力气质不同，该气质的人很少感到不安。他们之所以能去迎接新的挑战，与别人交流新鲜事物，其实是因为他们拥有与自信物质5-羟色胺结合困难的遗传基因。当他们的好奇心在起作用时，或是在学习新知识时，他们能使心情安定下来，这正是5-羟色胺在分泌的时刻。

❤ 祖先的创伤倾向：有想法天真的一面

世代祖先**具有因为突发奇想、跟着感觉走的行动使自己陷入危机的倾向。**为了追求南美大陆或夏威夷的新天地，而选择移民的那一辈人中，一定不乏拥有新奇气质遗传基因的人。因为在他们当中，事前根本没做过周密的调查，却直接采取了与广袤荒芜的大地进行斗争的人应当不在少数。

解说

第四章

理想的结婚对象，是不同气质的人

理想的结婚对象，DNA知道

能与你共度一生的最理想的伴侣人选是，既拥有能与你互相吸引的“同质性”，又拥有能自然弥补你弱点的“异质性”。如果对方压根不会用“嗯、嗯”“对、对，是这样”的方式去附和你，那么你们在一起应该没有多少快乐可言，压力也会不断蓄积。然而，如果对方只会用这种方式来应和你，过不了多久，你也一定会感到乏味。但如果对方时不时地表达自己的想法，“唉，这样子很奇怪啊”“为什么要这样”，即便与你意见相左，只要你们能够勇敢地去面对因双方气质的不同所产生的烦恼和话题，并能够通过坦诚的交流克服这些困难的话，你们的亲密关系就能得到增强。

人类是想要获得成长的动物。因为成长这件事，能够让自己实际感受到诞生在这个世界的意义，感受到活着的意义。互为伴侣的两个人，如果仅仅是相互理解，那的确会少发生很多纠纷，可也意味着会少了很多新的发现，同时也意味着不要再去指望人性部分的成长。因此，对于结婚对象来说，拥有能够给自己带来成长契机的“异质性”是必不可少的。

从种属保存法则来看，人类也应该是不同的DNA气质才会真正相互吸引。DNA气质是为了留下种属的设计图。因为只有不同气质的人在一起生活，才能向子孙后代传递更加致密的、多样性的策略，并提高遗传基因的生存率。

就DNA传递而来的生存策略看，从进化时期所传递下来的，可谓之“本能”，然而在现代的环境中却可见逐渐退化的趋势。只要获得周围人的认可，就能基本达到衣食无忧，这样的文明时代到来之后，我们人类可以说已经逐渐把DNA刻录好的“本来的自己”封存，而让自己一味地去迎合、适应社会了。

可是，牺牲每个人的个性基础才得以形成的工业化社会时代已宣告结束，随后登场的信息化社会，与工业化社会恰恰相反，它是需要每个人充分发挥自己的个性，才能达成的社会。因此，其实已经没必要勉强自己去迎合社会，生活方式也好、结婚对象也罢，每个人都可以自由选择。当然，这其中也不可避免地出现了很多为这突然井喷式的“自由”而感到无所适从的人。

不要再做为了获得别人的认可而“伪装的自己”，只要你知道被DNA所刻录的“本来的自己”是什么模样，就应该能充分发挥被赋予的自由了。好好挖掘出“本来的自己”应有的生活方式，也就有可能与“本来的自己”正好吻合的那个“白马王子”相遇了。

本章我会详细地介绍各种气质的组合。平时，大家也许都把目光投向自己与对方的“一致点”，也一直在做着如果合不来就分手的事吧?

按照这样的方法，你是找不到结婚对象的。请大家一定要有这种觉悟。作为今后的参考，这一点请清楚地让自己意识到，你追求寻找的不是恋爱对象，而是结婚对象。如果能从恋爱顺利地发展为结婚，当然很好；但如果无法做到那么顺利，那就在美美地品尝了恋爱中相互理解、合拍的乐趣之后，再努力更进一步，把相互不理解、不合拍的部分转变得更好，岂不是更有意义吗？而能够彼此去分享这种自我成长的喜悦，正是婚姻的妙趣所在啊！

不同的人格气质交往方式指南

让我们分别从3种人格气质的“好伴侣”模式说起。只是在现在的读者当中，也有以结婚为前提，与同种气质的人正在交往的吧？这样的组合说不上很坏，但也绝对不能说很好，因为在必须直面人生的困难时，这样的组合很难从不同的角度出发来做到互相支持。为了不在一个难题上同时倒下，相同气质的人结婚后，也有很多要注意的点，接下来的篇幅中我会有相应的介绍。

此外，请一定要心中有数，在各种人格气质基础上再加上各种压力气质，所需要的注意点很多。更进一步，在各种气质项上全都呈现出典型特征的重复气质的人，因为本身的气质中就存在很多矛盾点，更需要培养能够有效发挥各种气质的优势，以及去应对复杂状况的能力。也请大家带着这一认识来阅读接下来的章节。

女方为循环气质（主角型）必要的是：真实的爱

（好伴侣关系）女方：循环气质（主角型）VS 男方：黏着气质（亲子型）

只要你能高明地抬举他，那一生都能安心地信赖、依靠对方

非常重视纵向关系的“男 · 黏着”，在两个人的相处中会把上下级关系带入其中，无意识中把另一半当部下来对待。可与之相反的是，“女 · 循环”却很喜欢横向关系，她追求的就是朋友般的夫妻关系。在这一点上，**可真是正面对立的部分啊！**

然而，**只要真正理解了黏着气质，对于循环气质的你来说，再也找不到比他更能够信赖和依靠的伴侣了。**要想与黏着气质顺利地交往下去，最重要的一点是**诚实**，用循环气质更

容易理解的话来说，就是你要高明地“抬举”他、巧妙地“操纵”他。只要你掌握了这些方法，就能构建出幸福的家庭。

当你有什么事情想拜托他去做的时候，记得一定要在恭敬，甚至撒娇的氛围中顽强地与他交涉。在旁人看来，也许他们只看到了你的任性，但其实你只要得到老公的许可，即便你是长期离家与朋友去海外旅行，或者出去工作，甚至专心致志于你的兴趣爱好中，对你老公来说，都没有问题。黏着气质的老公，不但会为了你和孩子玩命地工作，甚至为了保护这个家庭，牺牲自己的生命也在所不惜。

难点只有一个，那就是黏着气质的他不擅长语速较快的对话，特别是面对循环气质那种跳板式的、想到哪儿是哪儿的快速谈话，他根本就跟不上。既然跟不上，就更容易不开口，这样可能会让循环气质感到很无聊。给“循环”的你一个忠告：要想谈话就去找你的闺密、朋友，如果你指望把“黏着”的老公打造成能够跟你愉快交谈的对象，那你一定会失望透顶，趁早放弃这个念头吧！

即便你与“男·黏着”结婚，每天都要面对面，也请你养成一个习惯：对那些难以直接开口的请求或话题，用便签、信件、E－mail、微信等文字方式记录下来，好与之交流。“男·黏着”是那种即使迎来银婚[1]纪念日的年龄，也只会用文字写上“我爱你”等只言片语来传达感情的人。

你渴望的那种很会照顾人的爱，如果不是“黏着·男”的话，恐怕你是得不到的。154页的表中详细列举了对黏着气质能期待的部分和不能期待的部分，只要你遵守这些原则，你们就能成为很棒的配偶关系。

女方为循环气质（主角型）兼具不安气质（紧张兮兮型）及执着气质（一本正经型）的情况

“女·循环”身上即便同时具备不安及执着两种压力气质，如果选择能用真实的爱包围你的“男·黏着”作为结婚对象，努力去经营这段婚姻的话，也可以成就彼此适合的、被命运爱所牵绊的夫妻关系。

1　银婚是结婚25周年的婚姻。——编注

男方为黏着气质（亲子型）兼具不安气质（紧张兮兮型）及执着气质（一本正经型）的情况

男方不仅拥有黏着气质，还兼具不安和执着两种压力气质时，请参考155页的表中添附的交往方法。能够注意这些关键点，有意识地加以应用的话，你们依然能成为命运爱的相遇，构筑良好的家庭。

（好伴侣关系）女方：循环气质（主角型）VS 男方：自闭气质（我行我素型）

虽然他给人的依赖感不够，但如果期待朋友型的夫妻关系，他最适合

“女·循环”与相同气质的“男·循环”进行了反反复复的虐恋，最终还是不得不选择分手。之后，“女·循环”为了追求真爱，往往会走入被“男·自闭”所吸引的命运中。反过来说，自闭气质的男性，一般会迎来被循环气质或黏着气质的

女性选中的命运。

但是，最初在“女·循环”的眼里，大概只能感受到“男·自闭”身上的暗淡、不积极向上、无法去依靠的一面。而且，一竿子插到底、只关注事物“本来面貌”的“男·自闭”，根本无法像“男·循环”一样，给“女·循环”类似“今天你可真漂亮”“这身衣服很不错啊”等可以让她非常开心的赞扬。对“女·循环”来说，由于很难产生那种欢欣鼓舞、小鹿乱撞、怦然心动的感觉，致使快感物质多巴胺很难大量分泌，因此她与“男·自闭”的恋爱基本只有一种平淡如水的感觉。

然而，这样就够了。虽然不会从“男·自闭”嘴里听到“我真的好喜欢你啊”之类的话，但他会说“嗯！还行，喜欢”；虽然很难从他那儿感受到心跳不已的感觉，但在他身旁你无须做作，“自然的状态就足够”。**如果他能够满足你这两个基本条件，那作为结婚对象，他绝对是十分够格的。**“男·自闭”虽然不会甜腻腻地奉承你、宠爱你，但他绝对不会背叛你。如果说“男·黏着”是用很强力道的爱把你包围起来的话，“男·自闭”则会像大地或空气一样，往你身上持续地注入自然的慈爱。

此外，不会被社会常识束缚的“男·自闭”，不但能够承担家务或育儿的重担，而且成为“家庭主夫”也不会令其感到厌恶。女强人的你在职场上生龙活虎地打拼，他可以守家；或者你们两个人共同工作，共同养育孩子。“男·自闭”的他是可以**跳出传统的束缚（社会性别差异），根据自由的想法来构筑家庭的人。**

顺便说一下，在育儿方法这一点上，很重视社会角色的“男·黏着”，很容易出现违反婚前约定的情况；而“男·自闭”则不在意公司的评价，他往往会休完整个育儿假期，积极地参与到育儿这件事中。而且，在育儿期，丈夫是“男·自闭”的夫妻很少会因为育儿观念的不同导致夫妻关系冷却。这个时期，你要是能看到并感受到“男·自闭”的献身精神，也许反过来会重新对他产生恋慕之情。请参照155页的表，只要你遵守了对自闭气质可以期待的部分，以及不能期待的部分，那你们就能成为一对好夫妻。

女方为循环气质（主角型）兼具不安气质（紧张兮兮型）及执着气质（一本正经型）的情况

“女·循环”身上即便同时具备不安及执着两种压力气质，选择能为你献上真爱的“男·自闭”作为结婚对象的话，也可以成为彼此适合的、结成命运爱纽带关系的美满夫妻。

男方为自闭气质（我行我素型）兼具不安气质（紧张兮兮型）及执着气质（一本正经型）的情况

男方不仅拥有自闭气质，而且还兼具不安和执着两种压力气质时，请参考155页的表中所添附的交往方法。能够注意这些关键点，有意识地加以应用的话，你们依然能成为命运爱的相遇，构筑良好的家庭。

女方：循环气质（主角型）VS 男方：循环气质（主角型）

循环气质的女人拥有强烈的想要被人认可的心情，内心也渴望自己的爱人能够经常夸奖自己或跟自己表白：“你很漂亮！”“很优雅！”“我深爱着你！”

很擅长讨好循环气质的女友，顺着她的心意让她高兴的人，当然是具有同种气质的“男·循环”。相互都很渴望对方的赞扬和褒奖，而相互也都能直接给对方最想要的赞赏，结果就是两人的脑内都能够分泌大量的快感物质多巴胺，以及脑内麻药样物质内啡肽。能够让双方的爱情燃烧出熊熊烈焰的，世间大概再也没有任何东西能比得上“女·循环”与“男·循环”腻在一起时的甜言蜜语了。

但是，这样的蜜月时光是无法长期持续的。循环气质之间恋情的终结，基本上都归结于其中一方或双方的见异思迁、出轨背叛。由于想要获得对方的认可，双方都会很自然地把真实的自己隐藏起来，女方扮演纯情可爱的女性，男方则演绎着忠诚可靠的男性。而这种掩饰终究敌不过时间，双方都会迎来疲倦的那一天。尤其是男性，用见异思迁来治愈这种疲倦，是一种动物习性。

很多时候，“女·循环”即便遭到背叛也不惩戒对方，依然如故地喜欢着“男·循环”，因而此后又无数次遭遇相同的背叛，在这个过程中重复上演着伤痕累累的虐恋。有些恋爱次数多的

“女 · 循环”，能通过这些伤害体验，获得一些个人的成长。

本身是循环气质，再加上不安和执着两种压力气质的女性，不需要假惺惺的爱，她们追求真实爱的心情特别强烈。有人的确能从虐恋的恶性循环中挣脱出来，选择不同气质的对象。但那些无论如何也想与同种气质的“男 · 循环”结婚的女士，请一定参考第六章的“幸福指南”，相互提升人际关系能力，然后在这个前提下再来谈结婚比较稳妥。

女方为黏着气质（亲子型）必要的是：上下级关系般强有力的纽带

（好伴侣关系）女方：黏着气质（亲子型）VS 男方：循环气质（主角型）

做个能好好照顾老公的好老婆，感受到把孩子抚养成人的喜悦，就是人生最有意义的事

本来“男 · 循环”是很受女性欢迎的、能在众多女性中不

断周旋的人，然而一遇到“女·黏着”后，就自然收心走入婚姻，做起了家庭中的男人。这样的例子不在少数，其中最典型的案例当属体育选手与全心全意照顾老公的组合。

自由奔放的“男·循环”，即便结婚也改变不了见异思迁的习性。这种时候，不会一次次的大惊小怪、死缠烂打，而是自我解释，“男人嘛，见异思迁也是正常的”，并且能宽宏大量、文雅大方地依然把这个男人揽入怀中的，在3种人格气质中，估计也只有“女·黏着”能够做到了。就像孙悟空逃不出如来佛祖的手掌心一样，只有“女·黏着”能做到原谅“男·循环”的任性，并且持续地支持他活跃于社会中。

已经为人夫的“男·循环”当然知道这一点，因此不管他在外面多么风流不羁，心里面最爱的始终是自己的老婆，感到最省心的也是自己的老婆。如此一来，老公能够安心地找到各种值得去做的事，并能在社会上演绎好各种成功角色，从而收获巨大的人生意义。

女方为黏着气质（亲子型）兼具不安气质（紧张兮兮型）及执着气质（一本正经型）的情况

由于你身上具有追求完美爱情的执着气质，因此当你知道丈夫出轨后，你未必能够原谅他。即便并非出于你的本意，但你们也有可能会因此而离婚。预知对方的见异思迁性，提前跟他摊牌，劝他不要越陷越深，就有可能防止破局。

男方为循环气质（主角型）兼具不安气质（紧张兮兮型）及执着气质（一本正经型）的情况

只要他在你身上追求的是真实的爱，真心不想再带给你伤害，那他应该是能够为了克制那颗想要出轨的心而去努力的。面对兼具“不安”和“执着”两种压力气质的他，请参考155页“能够期待的部分，不能期待的部分”。

（好伴侣关系）女方：黏着气质（亲子型）VS 男方：自闭气质（我行我素型）

无须担心丈夫，他也适合做养老女婿

这是一组掌管家庭财政大权的妻子与遵守规定、老实温顺的丈夫的关系。“男·自闭”在婚内不会出轨，也基本不会发生醉醺醺的，深夜才回家的事。这种组合能够构建一个风平浪静的、平稳的家庭。

只是面对“男·自闭”，丢开他不管的话，他很容易什么时候都沉浸在自己的世界里。“自闭”的人并非“黏着”认为的那么嘴笨，他只是不怎么用嘴巴表达自己的想法而已，因此有时难免会出现夫妻间没有话说的状况。

虽说像空气一样的关系并非不好，但如果相互间根本不理解对方的心情感受，就是一种灾难了。**要想加深夫妻间的纽带关系，很重要的一点就是要拥有彼此沟通交流的时间，相互去确认“现在你在考虑什么啊”“此刻你有什么样的心情”。**

此外，如果你是独生子女，为了家族企业的发展，希望找一个上门女婿的话，“男·自闭”是最适合的人选，就算他本人也是独生子。很多“男·自闭”对成为上门女婿这件事基本不会觉得反感，并且他基本不会抵抗妻子娘家的习惯，而是主动去渐渐适应。但是，如果把整个家业全面交给他掌管的话，是一件危险的事。因为“男·自闭”适合像艺术家一样我行我素地工作，他身上欠缺把工作分配好安排下属去执行的领导力。这种不擅长很有可能让家族企业面临破产崩盘的风险。所以，如果你希望招揽的是一个能继承家业的上门女婿的话，你自己最好能扮演好如昔日大商店、大旅馆老板娘那样精明能干的幕后指挥角色。

女方为黏着气质（亲子型）兼具不安气质（紧张兮兮型）及执着气质（一本正经型）的情况

“女·黏着”身上即便同时具备不安及执着两种压力气质，选择能为你献上真爱的“男·自闭”作为结婚对象的话，也可以成为彼此适合的、结成命运爱纽带关系的美满夫妻。

男方为自闭气质（我行我素型）兼具不安气质（紧张兮兮型）及执着气质（一本正经型）的情况

留心参考155页的表中所添附的交往方法，注意关键点，有意识地加以应用，就能与命运爱的伴侣相遇，构筑美满的家庭。

女方：黏着气质（亲子型）VS 男方：黏着气质（亲子型）

这种组合对女性很不利

黏着气质的人有遵守既定社会规则的特征。因此，在家庭中，男人所期望的也是一种类似他领导对方的关系。要是“女 · 循环”的话，能够很好地区分哪些是真心话，哪些是表面原则，因此能够扮演好表面上恭维顺从丈夫的角色。然而，“女 · 黏着”却不能够那么灵活地区别对待，演好“男 · 黏着”期望的妻子角色。在恋爱阶段就没能解决好性别角色分工的问题，进入婚姻关系后的“男女 · 黏着”双方，**每每遇事就会爆发出围绕主导权所引发的冲突。**但同样是黏着气质的双方从恋爱阶段开始，大抵上都是女方自然地压抑住“黏着”的特征，才取得了所谓平衡状态的效果。

此外，并不擅长聊天对话的两个人，没法营造出笑声不绝的家庭氛围。相反，两个人很有可能成为即使没有语言，也能相互了解的、所谓**“哦”“嗯”式自然的夫妻关系。**

请注意，如果这样组合的家庭生了男孩，很可能会发生以下状况：孩子小的时候，由于“男 · 黏着”的父亲经常参与照顾儿子，所以即使儿子非常调皮捣蛋，自己也不怨不恼，“男 · 黏着”的父亲会以如此方式疼爱孩子。然而，随着儿子的长大，“黏着”的父子之间开始慢慢爆发出激烈的冲突，最糟糕的情况是发展为家庭内暴力，甚至有引发互相动手的危险性。因此，以“男 · 黏着”作为家长的家庭一定注意，在感觉到男孩对父亲已经产生严重的反抗心理之前，要采取诸如让儿子离开家住校等措施。这是人生某一阶段必要的应对方法。

女方为自闭气质（我行我素型）必要的是：安心与支持

（好伴侣关系）女方：自闭气质（我行我素型）VS 男方：循环气质（主角型）

彼此补充完善，共同进步成长的理想关系

如果在“男 · 循环”结束了与“女 · 循环”反复、热烈的恋情之后，再来与“女 · 自闭”交往，会觉得女方品性坚忍、老实安静，就好像修道院修女的感觉。“女 · 自闭”根本就不会清晰地说出“我喜欢你”“你好棒”这类话语，更进一步，她到底有没有结婚的意愿都感觉不出来，让人很难摸透她的真心。实际上，对“女 · 自闭”来说，还不能立刻把“男 · 循环”当成足够信任的结婚对象来交往，很多人依然对对方持有诸多怀疑：“他这次大概也只是在玩儿吧？”

最终向前迈出一步，去切断这种朦胧暧昧状态、把话题推向结婚的，往往是“男 · 循环”这一方。结果是，“女 · 自闭”成为“男 · 循环”重复虐恋的终结者，成为被对方选择的命运爱之人。然而，即便结了婚，也并非意味着“男·循环”就能够改变自己容易见异思迁、会撒谎的行为模式。

类似这样，**由于夫妻气质的差异导致众多的冲突，而直面和解决这些冲突让双方都能得以成长，**因此可以说这是一对命运的组合。给“自闭”的你一点儿建议，一旦你下定决心要与“男·循环”结婚了，那请你遇到任何事情都不要放弃，顽强地向对方表达“你的这个方面我很喜欢，但那个方面我希望你能这样做……”，如此这般，持续不断地向他表达你的真实想法与感受，这是让你们的婚姻成功的最大要诀。

女方为自闭气质（我行我素型）兼具不安气质（紧张兮兮型）及执着气质（一本正经型）的情况

由于你身上具有追求完美爱情的执着气质，因此你可能不会原谅丈夫出轨。即便并不是出于你的本意，你也有可能会因此和丈夫离婚。

男方为循环气质（主角型）兼具不安气质（紧张兮兮型）及执着气质（一本正经型）的情况

他是通过你才认识到真实爱的，在他心里也很重视这份与你之间牢不可破的爱的关系。面对兼具不安和执着两种压力气质的他，请参考155页“能够期待的部分，不能期待的部分”。

（好伴侣关系）女方：自闭气质（我行我素型）VS 男方：黏着气质（亲子型）

能够为你带来平静和安心，是一个不可替代的伴侣

对于自闭气质来说，如果能被可以提供稳定的经济支持的人所保护，就会感到很安心。从这个意义上来讲，“男 · 黏着”作为丈夫可以说是比较适合的人选。“男 · 黏着”理应会尽力去守护内心无依靠的你，在经济方面也会努力做到给你一个安心的保障。尤其是对那些想保留自己的兴趣爱好的女性来说，被“男 · 黏着”所守护的家庭是很理想的环境。只要你不忘记尊重丈夫、常表达对丈夫的感谢之情，就像刚才所述那

样，他可以成为为你提供稳定的经济支持的人。

只是你要知道，“男·黏着”是有大男子主义倾向的人，他会有止不住地想要支配妻子和家庭的愿望。在某些事态被激化的情况下，他甚至有可能化身为一个暴君。要是“女·循环”的话，能够巧妙地利用离婚申请最终使剧情翻转，让“男·黏着”臣服，但“女·自闭”显然是欠缺这样的强势和勇气的。

如果没有当面沟通的勇气，“女·自闭”的你也一定要养成通过E-mail、微信等方式直接向对方表达“你这样的做法，我就是讨厌”的习惯。该组合形式的婚姻想要幸福，必须满足的一个条件是：一定要经常打开能够传达夫妻间真实心情的通信之路。

女方为自闭气质（我行我素型）兼具不安气质（紧张兮兮型）及执着气质（一本正经型）的情况

你身上兼具不安和执着两种压力气质，很容易变成被强势的丈夫所支配的角色。

男方为黏着气质（亲子型）兼具不安气质（紧张兮兮型）及执着气质（一本正经型）的情况

他会表现出很强烈的想要支配你的行为。面对同时兼具不安和执着两种压力气质的丈夫，请参考155页“能够期待的部分，不能期待的部分”。

女方：自闭气质（我行我素型）VS 男方：自闭气质（我行我素型）

必须有经济援助者

拥有共同的兴趣爱好，共同表现出感性的自闭气质的双方，比起恋人的关系，更像同事的关系，所以在志同道合的基础上发展为结婚的事例比较常见。这种关系的哪一方都不会出轨，也不会太执着于追求各种名利和社会地位，呈现与世间普通夫妻与众不同的特色。这种组合常见于夫妻俩都是学者、教师、公务员或者音乐家等艺术工作者。

夫妻双方基本上不会有激烈的争吵和冲突，婚姻生活平淡安稳。只是，双方都是不擅长对外交流、去表达自我想法的自闭气质，身上具有可能被外界的强者欺凌的弱点。因此，有一个能够为他们提供背后辅佐保护的援助者是必要的。实际上，在日常生活中，经常可见夫妻双方的上司、恩师或者其中一方的亲人担当着他们的后援，从物质及心灵层面都给两个人很多的支持。

这个后援不限于特定的人，也可以是类似朋友这样的人脉圈。无论如何，不要只封闭在两个人的世界里，跟外面的世界持续接触，这一点对自闭气质的夫妻来说是不可欠缺的。

对他可以期待的部分，以及不能期待的部分

对循环气质可以期待的部分	对循环气质不能期待的部分
舒服自在的交往	正直
节奏合拍的对话	耿直诚实
有通融性	一根筋的爱
机智幽默的对话	保持沉默
头脑灵活、反应迅速	谦虚

对黏着气质可以期待的部分	对黏着气质不能期待的部分
规范的礼仪	自由自在地交往
单纯明快	头脑反应迅速
严守交往礼节	有通融性
心神安定	进行节奏合拍的讨论
感情深厚	以逗笑开心的方式来应答
喜欢照顾别人	停止强加于人
通情达理	

对自闭气质可以期待的部分	对自闭气质不能期待的部分
保持安静和沉默	说谎
能一根筋地去爱你	与别人竞争并得胜
挑战自己的极限	擅于奉承和夸奖别人
体谅别人的心情	快速地发言和应对
正直	欺骗别人
能够忍耐孤独	带领团队
不背叛、不变卦、不食言	呈现胜利者的姿态
生活朴素	能给人依靠
不说谎	存储积蓄
擅长单独行动	明快开朗的性格
能够帮忙做家务或育儿	

对不安气质可以期待的部分	对不安气质不能期待的部分
长期的风险管理能力	悠闲自在地生活
基于第六感的本能风险预知能力	不慌不忙、处变不惊
	被指责时也能冷静应对
	能够不在意、无所谓

对执着气质可以期待的部分	对执着气质不能期待的部分
严肃认真、一本正经	不拘小节
责任感、义务感	大胆的作风
加油努力	怡然自得、悠闲自在
做事追求完美极致	

对新奇气质可以期待的部分	对新奇气质不能期待的部分
可以一起谈论感兴趣的新奇话题	按牌理出牌
冒险精神	能抑制自己不冲动、不越出常规
探索精神	停止不经慎重考虑就行动的作风

结论

第五章

70%的满意就能导向幸福的婚姻

与恋爱有所不同，结婚所必需的是“命运爱”

在各位父母的那个年代，通过媒人介绍、相亲结婚应该还是青年男女结婚的主流方式吧？真的就算是往日这种根本不顾及本人的心情强行结婚的形式，我想很多人大概也从母亲口中听说过诸如此类的话：“其实我当时是有心仪的、想要结婚的对象的。”

听多了这种话后，很多女儿心里会埋下种子：女儿就应该代替母亲，去满足母亲未完成的心愿。有了这种潜在的想法后，自己在找对象时，不是找自己喜欢的人，而是**在找“看起来能够让母亲感到满意”的人。**在此过程中，**自己到底喜欢什**

么类型的人，到底想拥有怎样的婚姻，慢慢地都变得模糊不清了。

很多人甚至连这一点都没意识到，但是听到这一言论，也有人会接受并感慨道："原来如此啊！"然而，问题并非仅仅如此，实际上担任你结婚对象的审判官这一角色的人，并非只有你的双亲。

你的祖父、祖母、曾祖父、曾祖母，甚至是很久以前的祖先们都可能会从你的潜意识里跳出来，干涉你的姻缘，对每一个出现在你身旁的男性投赞成或反对票。但你要知道，在这世上，你根本就不可能找到一个能让你的家族全体百分百满意的对象。

要让他们满意的方法只有一个：你自己停止迎合周围人对你的期待，相信自己，也相信对方，与你本人觉得喜欢的对象结婚，两人合力构建美满幸福的家庭。你感到幸福这件事，本身就能使你的祖先们所经历的各种各样的创伤记忆得到疗愈。你获得幸福本身，其实也许就是对祖先们最好的祭奠了。

创造命运爱的3种关系

接下来要好好谈谈能够导向幸福婚姻的爱的形式，我把这种区别于恋爱的爱称为“命运爱”。命运爱的关系需要满足以下3个条件。

①能够让自己呈现自然状态的关系——猴脑的弱点能被相互的气质所弥补的关系；

②在猫脑的层面上，能感觉到相互喜欢的关系——彼此自然吸引的关系；

③聊得来，有共同话题的关系——能发挥猴脑的能力，在

彼此的交谈中找出解决对策的关系。

与说不定什么时候就会终结的恋爱不同，原则上两人一旦结婚，彼此就要共度一生。如果不能以自己的自然状态坦诚相待的话，会积攒很多压力。因此，什么都不用伪装，能够以普通的衣着装扮跟对方自然交往的关系，是分辨这到底是不是命运爱的关系中最重要的标准。

能够让自己呈现自然状态的关系，从DNA气质角度而言，在猴脑层面的3种气质中，意味着由不同的人格气质双方相互补充的关系。例如，对于最喜欢滔滔不绝地讲话的循环气质来说，对方要是个能够“嗯、嗯”应和的黏着气质或自闭气质，那他应该就能发挥出自己的自然状态；相反，如果双方都是那种“听我说，听我说”式的、渴望自己倾诉的循环气质，那就注定了无法避免冲突。一个人身上表现出重复的人格气质，就必须随着相应的状况去调整那份相互弥补的关系……

虽说人们可能会被“喜欢”这种感情吸引，可要是对方并不能让自己真正心跳加速，那也是件很没趣的事。到底是不是真的“喜欢”对方，是由猫脑传递出的信息决定的。在之前的章节中，我们已经谈论过关于脑的话题，知道猫脑又叫“情绪活动脑”。对猫脑来说，它担负着重现喜欢、厌恶、开心、悲伤、痛苦等各种感情记忆的任务，它就是医学上被称为“杏仁核”的细胞群。

例如，不安气质可能会对过去不知名的地方或不知名的事情感到莫名恐惧。杏仁核正是这种恐惧情感的保管库。据研究表明，不安气质的大脑杏仁核比一般人的平均体积要大一些。此外，杏仁核还会表现出一种特征，当与持有相同感情记忆的人相遇时，会发出类似电波样的反应：“这个人一定能够理解我！”“在这个人面前能安心地把真实的感受和心情表达出来。”这就是杏仁核反应。

猫脑的杏仁核一旦产生“喜欢”的反应，大体上负责掌管理性的猴脑就要开始出面阻止了，“父母肯定不会赞成啊”“别人会怎么说啊”“这段感情一定持续不了太长时间”，等等，各种反对理由一股脑儿冒出来，目的就是给“喜欢”这种感情泼冷水。你对对方到底喜欢到什么程度？喜欢到能够切断猴脑里的这些反对声吗？请认真地面对自己的内心，好好问一下自己。这样做了以后，如果答案是“果然还是喜欢”，那么就不要再在意周围的人，勇敢地向着结婚的道路前进吧！

不管怎样，命运爱的关系如果只是简单地相互吸引或只是相互感到矛盾，还远远不够。双方拥有同质性，因而能够相互理解，在这样的基础上，再去发挥异质性的部分，这种两面性是命运爱的关系中很必要的。

还有一个必要条件，在相互交谈的过程中，不断加深感情，而后迈入婚姻殿堂。为了达到这个目的，为了构建和谐的伴侣关系，良好的沟通交流是不可或缺的。遇到问题时，双方共同商讨，共同克服障碍。作为夫妻，也正是在这样不断积累的过程中，越发加深对命运爱的确信感。“我就是为了与眼前这个人在一起才被诞生下来的啊”“能与这个人相遇，真好”，类似这样爱的确信，是不可能在一朝一夕就获得的。

满意度70%是结婚对象的及格线

性格的英语是personality，它的词源来自拉丁语persona，意指“面具、假面”。就像你“本来的自己”是隐藏在这个面具下一样，对方其实也是戴着一副面具的。当然了，你也好，对方也好，可能压根没意识到这一点。因此，仅凭外表来判断对方是不是命运爱，那是绝对行不通的。**去探寻对方在假面背后隐藏着的本来模样，哪怕只看到一点点，也请相信这个原原本本的对方。**

你可能在想，怎么做才能探寻到呢？其实，你自己理应已经至少看到一部分了。虽然猫脑的杏仁核产生了“喜欢”的反应，但猴脑的理性是不是一直在给你泄气？“这种人，我不能去喜欢他啊！”

虽说如此，对于掌管理性思考的猴脑，也就是大脑的前额叶部分很发达的人类来说，的确无法完全无视理性所投出的“否决票”。那怎么办呢？猫脑、蛇脑和猴脑的妥协点，就是如果对对方的性格、外表、生活能力各方面的满意度都能达到70%的程度，那就很不错啦！不管怎么说，70%只是个主观感觉上的数值，也就是说，请你千万不要以追求100%的满意度作为目标。

选择对象的标准：

①性格的满意度70%；

②外表的满意度70%；

③生活能力的满意度70%。

所谓命运爱，就是面具下隐藏的“本来的自己”在与伴侣相遇后才诞生的。这样缔结的爱，与单靠外表伪装掩饰的爱不同，它是不会动摇的。而正是这种不动摇的爱对婚姻来说是必需的。

许多人都宣称自己“希望被人爱”，但是往往这么高声地去要求爱的人，却很难获得真正的爱。相反是那些珍爱原原本本的自己、尊敬他人、会去感谢他人的人，很自然地就能从那个对的人那里得到真诚的爱。

绝不动摇的命运爱，还指向更高一级别的爱：**不管对方怎样，都能够心怀喜悦地去接受那个“原原本本的他”，并且在接受他时，能用充满慈爱的表情和语音语调来对待。命运爱正是以这样的爱缔结起来的关系。**

在长期的婚姻生活中，谁也不知道可能会发生什么事故或罹患什么疾病。如果是依靠命运爱缔结的夫妻，不管遭遇怎样的困难也能够共同努力去克服。我个人认为，明白和体会到这种不可替代的爱，才是被诞生到这个世上的真正意义。

命运爱，连心跳指数也是70%

被热恋的激情燃烧的双方大脑内，紧密连接男女的激素将会大量分泌，如快感物质多巴胺和苯乙胺、依恋物质催产素等，与之连动的脑内麻药样物质内啡肽也被释放，形成一种类似恋爱中毒的状态。

如果没有不同的遗传基因进入的话，种属不久就会灭亡，因此不管是什么种类的DNA，被气质相异的人所吸引，进而结婚，是DNA的设计图里原本就有的架构。但是，气质相异的人要到结婚这一步，必须共同跨越很多的障碍。而双方并不把困难感知为困难的原因，就在于恋爱这种麻药中毒状态。

然而，如果这种中毒状态长久持续的话，会导致身体负担过重，生命受到威胁。因此，这些激素的分泌量会自动逐渐减少。平均3年这个时期就会到访，那时就不能再指望恋爱本身了，只有能够继续培育爱之关系的催产素还在分泌。就像人们常说的“第三年的出轨”，这种现象其实正是起源于大脑内部。

经历过远距离恋爱的人一定有过这种感受吧？与恋人在高铁站告别，不管是你送别他，还是他送别你，在鸣笛被缓缓拉响、列车开始慢慢启动那一刻，相信你会感到有种难受甚至绝望的感觉油然而生。这个时刻大脑内分泌的物质就是催产素。如果兴奋物质带给人的心跳指数为100%的话，那催产素带来的心跳指数差不多就是70%。

怎么也无法让自己分泌出快感物质的恋爱关系，这时向往结婚的动机是极弱的；相反，快感物质释放过多，所谓被热恋冲昏了头脑的关系，又很难把恋爱关系转变为逐渐培育出真正的爱的关系。因此，70%的心跳指数，应该是最恰当的当量了。

为了让爱延续

刚好说到催产素，就先讲一个很有趣的话题吧：结为夫妻的双方，如何把爱贯穿于整个生涯、拥有令人羡慕的夫妻关系。然而，这个话题里的主人公并非人类，而是栖息于草原中被称为草园犬鼠的鼠夫妇。

草原犬鼠夫妻中的雄鼠，如果用人类的话来说，就是绝不会出轨，并且与伴侣终生相好，绝不会离婚。就像人类夫妻高调秀恩爱一样，草原犬鼠的夫妻们几乎任何时候都是双方身体紧紧地黏在一起、相拥前行的。然而，在对雌鼠脑内分泌的催产素进行了人工抑制后，当初恩爱有加、如胶似漆的夫妻居然开始躲避对方了：雄鼠开始对别的雌鼠动手动脚，而雌鼠竟然慢慢地与别的雄鼠凑成了一对。

当感受到来自伴侣的疼爱时，雌鼠脑内会释放出与女性激素联动的催产素，这会成为爱的信号向雄鼠传递；而接收到爱的信号的雄鼠，则会分泌与男性激素联动的抗利尿激素，致使雄鼠本能地想要去保护雌鼠不受外敌的侵害。

把这种现象换到人类身上，就相当于配偶双方都感觉到对方是无可替代的存在，在相互尊重对方的两人大脑内，催产素和抗利尿激素被充分地释放，起到了越发加深双方之爱的良性循环作用。

如果只用猴脑的理性部分来爱对方的话，无论如何都会注重与外界评价相关的学历、收入、家庭背景、相貌等部分。然而，用我们本身拥有的猫脑及蛇脑等动物性视角来爱，我们就很容易清楚地知道，真正的幸福跟这些世间的评价并没有直接关系。

发挥猴脑中好的部分，补充完善其弱点，去治愈猫脑及蛇脑内隐藏的不安，成为单纯的动物，满足想要去爱对方、保护对方的本能，真正的幸福不正是如此吗？我希望大家能够去追求的是这样的婚姻关系。

对于对方，你能够期待的事以及不能够期待的事

为了让结婚后的夫妻关系结出更多的果实，在此有必要教授一些保持良好夫妻关系的要诀。其实，在第四章中我已给大家介绍过，那就是**必须知道对于对方来说，你能够期待的部分以及不能够期待的部分。**

被命运爱所缔结的、3种必要条件均满足的爱的关系中，你会感到眼前这个人是个“帅气的人”“好人”“优秀的人”，总之对对方充满好印象，不自觉地给对方加分，即便是对方的弱点你也能看成优点。两人处于这样的关系时，就是“一直想生活在一起”，也是下图所示的“+3分的关系”。由于能够互

相尊重对方的心情和意见，在一起的时候能涌起自信，并且能够确实感受到喜悦及生活的意义。

“+3分的关系”也可以说是相互的期待没有落空的关系：自己期待对方的，对方能实现；对方期待自己的，自己也能回应。但是，**不需要努力也能维持这种关系，大概只有在新婚期内才会出现**吧！日本的夫妻并没有像欧美夫妻那样的习惯，能够直接公开讨论各自的意见，进行思想的碰撞。更多的是在因气质相异所产生的小冲突和小摩擦中，渐渐地由正性关系走向了负性关系。

“–3分的关系”是指“想要离婚”“希望眼前这个人消失”的关系。两个人的关系恶化至此的原因，是因为自己去期待了根本不能期待对方的事，期待落空时的不满充斥了整个胸腔所致。

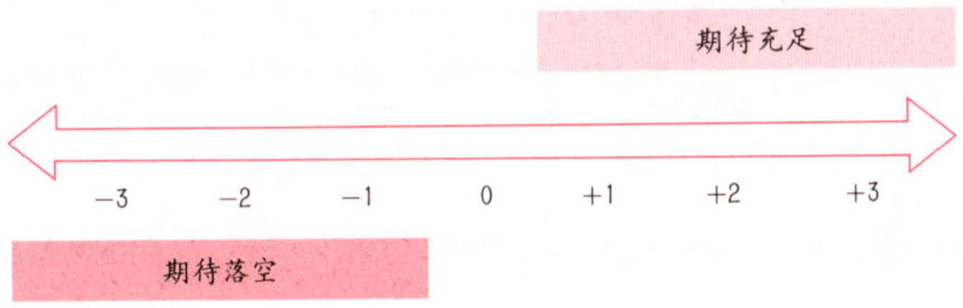

人际关系尺度

我曾经为一对“女·循环”和“男·黏着”的夫妻做过婚姻咨询。这对夫妻在蜜月旅行时就因为期待落空而吵得不可开交。女方由于拥有“突发奇想”的新奇气质，不擅长深入思考而总会做出一些突发奇想的行动。男方在等待女方去依次完成这些行动的过程中，错过了很多机会，致使想看的风景没看到，想买的物品也没买到。咨询之后，两个人知道了其实这些错过都是因为丈夫为了照顾妻子的情绪，自发地去“等待”之后的结果。从此以后，两人在将要吵架前，妻子学会了思考“我们为什么要吵架”。

例如，期待“男·循环”沉默闭嘴，是一种奢望；同样，期待“男·黏着”能够用轻松逗乐的方式与你交谈，也几乎是一种妄想。**在充分理解对方气质的基础上，把能期待对方的部分，与不能期待对方的部分牢牢记在脑子里才是关键**（请参考154页–156页）。如此一来，当你对对方感到不满的时候，请主动认识到，**去期待对方根本达不到的事情本身就是枉然，放下期待最好。**

相信没有人会想到去水果店里买鱼吧？但是，一谈到人际关系，人就经常会做出这种牛头不对马嘴的事，要是这家店没卖自己想要的商品，很多人就会气急败坏。去期待商店里出售这个店压根不会出售的商品，就好比去期待自己的伴侣具备压根没有的特质……

但从一开始就能聪明购物的夫妻是不存在的。在彼此间不搭调的买卖过程中，夫妻逐渐感到“为什么不卖这个”“不应该卖这个啊”，甚至因此而打架。但是，就算这样也可以啊！我认为，夫妻间的吵架是灵魂与灵魂之间的碰撞。在彼此自我碰撞磨合中，在灵魂的交流持续累积的过程中，夫妻能够加深对彼此的理解，这就够了。

实践

第六章

发现本来的自己，发展结婚的体质

你也能够发展出结婚体质

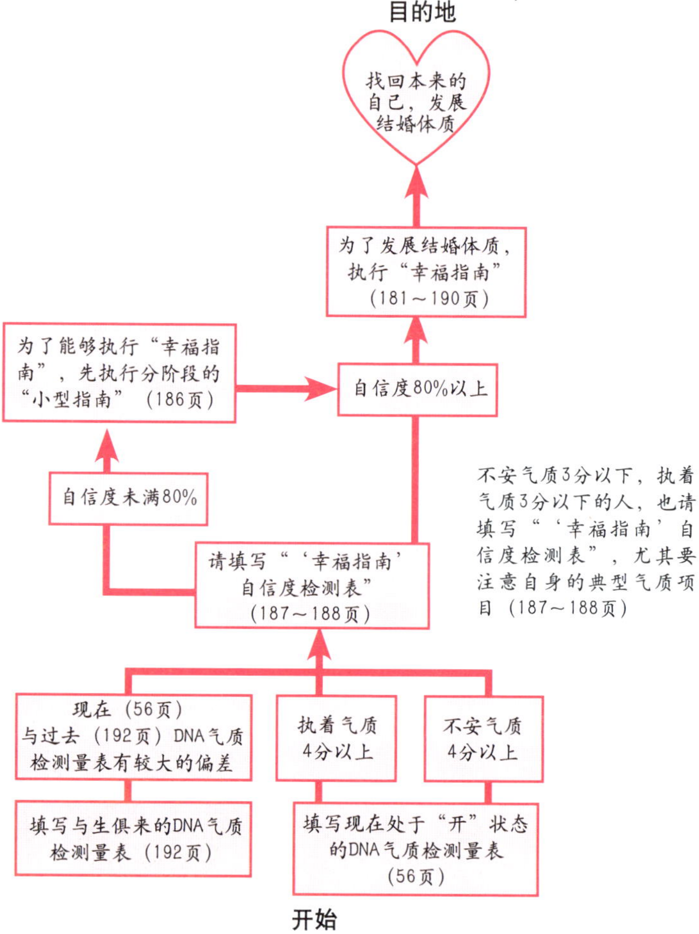

倘若每天都能够挂念于心，就一定能够向结婚体质转变[1]

“想结婚吗？”“感觉很难迈向结婚的道路？”如果针对这两个提问，你的回答都是“是”的话，那你毫无疑问是拥有压力气质的人。

对这一点，你首先要有自我觉察。单单只是意识到这一点，你就能知道为什么时至今日你都很难邂逅心仪的异性，或者即便邂逅了、相识了，也很难顺利地往下发展的理由了。这时，你只要了解“这是遗传基因的问题，并不是我本身不好”，并且下意识地让自己柔软下来，把自己释放出去的紧张

1　写给在第三章56页的检测量表中不安气质及执着气质得分在4分以上的人。——原注

兮兮的信号，转变为热情的、温暖的信号，你就能吸引到与幸福相遇的机会。

但这样还不够，为了下决心拥有与适合的人生伴侣、命运爱的恋人走进婚姻殿堂的勇气，还有一点是非常必要的：**获得“为了发展结婚体质的‘幸福指南’”，并且每天都能注意其中的要点，彻底地执行它们。**

不安气质的戒备心与执着气质的执拗劲儿，是刻录在遗传基因里的，不要期待它们能够改变。但只要你彻底执行“幸福指南”里的内容，并将其中的要点转变为自身的习惯，就能够向着你所憧憬的“结婚体质”转变。

为了发展结婚体质的“幸福指南”

你每天都去彻底执行以下行动，这样一来，在下意识地持续执行这些行动的过程中，你就能够渐渐收获自信。为了拥有对自身的自信，你首先要学会爱自己。为了获得他人的爱，具备爱自己的能力是非常重要的。

不安气质（紧张兮兮型）4分以上者

1.当产生了消极感情（过度的恐惧或愤怒）的时候，**下意识地把这种感情先放一下，观察一段时间以后再说**（观察1个月后，你可能会发觉“哎，不过如此啊”）。暗地瞎猜对方的语言、感情用事地去行动是绝对的禁忌。你需要努力的第一步就是尽力赶走脑袋里的胡思乱想及妄想。

2.如果对谁产生了消极的感情，请向局外人倾诉。“我其实不需要意见，只希望你能听我诉诉苦。”**让自己能把怨气先发泄出去。**一定要找与当事者毫无关系的局外人，如果是稍微有点儿关系的人，都有可能产生“就是，就是，我也这样认为”之类的共同妄想。

3.**从极端压力的环境中抽身离开。**如果是职场上的人际关系障碍，要么请一个长假放松自己，要么干脆换一个岗位；如果是与恋人的恋爱关系压力，请考虑分手。磨磨唧唧地持续忍耐，很容易导致身心状态的失衡。

一定要试一下

1.对方心情不好的时候，不一定是因为你做了什么惹他生气的事，请你试着去想是因为他的身体不舒服所导致。

2.紧张物质去甲肾上腺素，单靠下颌的咀嚼运动就能抑制其分泌量。很多棒球主力选手，为了消除紧张，经常会嚼口香糖。此外，说话其实也是名副其实的下颌咀嚼运动。

3.能够提升自信的化学物质5–羟色胺，在听到进行曲或华尔兹的韵律时就能被分泌出来。因此为了打起精神来，你也可以选择经常听听这类音乐。

4.对极端压力的环境及早做出判断，该放弃时就果断放弃。而自己擅长的工作一定要好好把握，对于工作的自信是不安气质的人很大的支持来源。

执着气质（完美主义型）4分以上者

1.不要焦急，以经历悠然的人生（把职业生涯的步调慢下来）为目标。经常告诉自己，“其实能够做到30%就蛮不错啦”，对己对人都不要强求能达成百分之百。

2.把认真执着、追求完美的精神仅仅发挥在自己真正喜欢的兴趣爱好上，不要再拘泥于其他琐碎事情，内心谨记可以过得粗放一些。不要期待对方能跟自己有相同的想法，这一点也非常关键。

3.不要考虑到底能不能完全做到，先行动起来再说。例如，对自己能不能跟不同的人融洽交流这一点特别没自信的话，试着在参加谁的结婚典礼时，一直待到最后，甚至参加闹洞房环节；被别人邀请参加交友联谊会或者去唱卡拉OK时，也答应下来，尝试加入大家。要知道，永远不行动的话，什么都不会发生。

一定要试一下

1.不要为“已经到了这个年纪了”而去焦虑结婚的事。对于那些心情很焦虑，却怎么也行动不起来的人，要么去参加交友联谊会，要么尝试相亲，总之先行动起来再说。在行动的基础上考虑问题是很重要的。

2.执着气质的人无法获得自己所追求的完美爱时，不但会责怪挑剔对方，也会责难选择了这个对方的自己。请谨记，学着原谅对方，原谅自己。

3.执着气质的那颗追求完美的心真是没有上限的，假设把这颗心的控制装置拆除的话，他所追求的完美一定会达到120%、150%的高度。因此，请谨记，执着气质的你，以“差不多就行了”为目标的话，刚刚好。

写给没信心执行“幸福指南”的人

看完“幸福指南”后，应该有人会觉得没有完全的信心马上就遵照执行吧？没办法做到的事非要勉强自己去做，只会增加额外的负担，而且可能会出现副作用。因此，没必要勉强，对于没信心的人，请从以下的“小型指南”开始尝试去做。

① 你有（　　）程度相信自己能执行“幸福指南”（以下简称“执行自信度”）？

（“完全能做到”为100%，“根本做不到”为0，请给自己一个主观的评分）

② • 如果能达到“80%以上”，就遵照执行；

• 如果是“80%以下”，请按照“小型指南”来制定中、小目标，尽量制定能够完全达成的、简单的目标。

例如，不安气质“幸福指南”中的第二条：

如果对谁产生了消极的感情，请向局外人倾诉，让自己能把怨气先发泄出去。

针对这条的执行自信度不够的人，请按以下小型指南来制定中、小目标。

小型指南中目标：联络局外人，与之相会并且交谈。

小型指南小目标：向局外人发出一封汇报近况的邮件。

小型指南就是所谓的心理阶梯，能让你渐渐地接近并达成

“幸福指南”的要项。

一定要试一下

请复印下文所列的两个表，养成像记日记一样每日填写的习惯。此外，其他DNA气质也一样，身处于压力满满的环境中时，这些气质的弱点有提前暴露的可能性。因此，所有DNA气质的人都需要确认执行自信度，**再相应地遵照“幸福指南”中的要项来执行。**

“幸福指南”自信度检测表

请在你自己的典型气质或准典型气质栏目中填写自信度。

DNA气质	幸福指南	执行自信度（%）
不安	把消极的感情先放在一边，观察对方一段时间以后再说，去除自己的胡思乱想	
	向当事者以外的人倾吐心声、发牢骚	
	从极端的压力环境中抽身离开	
	告诉对方自己的感受，用“我”表达（主语为“我”）的方式向对方传递信息（例如，“这样的沟通方式，我会感到很恐惧”等）	

续表

DNA 气质	幸福指南	执行自信度（%）
执着	不要求对方什么都跟自己一样	
	把认真执着的精神发挥在喜欢的事情上，不要再拘泥于其他琐事，让自己粗放一些	
	不要再去考虑一定要做到完美，不管怎样先做做看再说	
	对循环气质的发言不要照单全收，可以打折扣听，对内容有所选择	
循环	不要自以为别人都与自己相同，根据对方的气质类型选择不同的交谈方式	
	感谢周围人，并能向周围人传达你的爱和谢意	
	每天创造与合得来的人进行交流的机会	
黏着	对于无法讲道理或无法确保和谐氛围的场合，即使表达意见，也不要涉入太深	
	必要时通过发短信、写邮件等方式向对方传达自己的想法	
	确保拥有能让自己心情安定的上下级关系	
自闭	如果不说出自己的想法，别人怎么也无法理解你，不管怎样先给点儿反应，表达意见	
	在人际交往中，有意识地与他人保持一定的距离	
	不喜欢的事情姑且先拒绝	
	凡事不要只是一个人应对，必要时求得周围人的协助	
新奇	突然想到的事再好也不要马上去实行，与他人交谈，参照现实后再行动	

关于“幸福指南”的阶段性目标记录

请设定自己认为能够做到的小型指南，并遵照执行。自信度超过80%的话，就由小目标向中目标、进一步向大目标迈进。制定目标时，请不要过多考虑，用闪现的直觉来决定。

请执行小型指南1的①②③阶段，所有项目的执行自信度都超过80%的话，再向下进行。

阶段①____________________ 执行自信度 _____%

阶段②____________________ 执行自信度 _____%

阶段③____________________ 执行自信度 _____%

请执行小型指南2的①②③阶段，所有项目的执行自信度都超过80%的话，再向下进行。

阶段①______________________________ 执行自信度______%

阶段②______________________________ 执行自信度______%

阶段③______________________________ 执行自信度______%

请执行小型指南3的①②③阶段，所有项目的执行自信度都超过80%的话，再向下进行。

阶段①______________________________ 执行自信度______%

阶段②______________________________ 执行自信度______%

阶段③______________________________ 执行自信度______%

气质的表现状态

会随着环境的改变而改变

遗传基因会受到环境的影响，处于“开”或“关”的状态。例如，即使在继承了高智商的遗传基因状况下出生，但却像印度狼孩一样，一出生就被狼叼走，在狼群中长大，那很明显该遗传基因只能一直处于“关”状态，好不容易拥有的高智商基因也无法被发挥出来。

总之，气质检测的分数一般不会每次检测都一样，随着环境的变化或掌握了足够的自我保健护理行动后，所测分数会有适当的上调或下降。从这个分数的变化中，就能够发现自身所处的状况，或觉察到自己的心理问题。尤其是工作忙碌或家庭中发生问题的人，常出现压力气质的检测分数上升的情况。不厌其烦地去检测的话，就会慢慢知道“本来的自己”是什么模样了。

以下的检测量表，是为了推测你从生下来开始就拥有的DNA气质而制定的。与56页的检测量表得分相比较一下，如果差距太大的话，就需要引起注意了！这说明你偏离了“本来的自己”，感觉到了很强烈的压力感。请考虑从极端压力的环境中离开，并执行“幸福指南”中的项目。

与生俱来的DNA气质检测量表

请一边回忆从幼小期记事开始直到现在为止的体验，一边在相应的项目分数中画上“○”。

		总是这样	差不多是这样	从来不会这样	合计
A  循环气质	一打开话匣子，我就能接连不断地说个不停	1	1	0	
	遇到对自己不利的情况，我要么保持沉默，要么说些与事实不符的事情	1	1	0	
	如果感到维持关系变得困难，我可能会与对方切断联系	1	1	0	
	与合得来的人谈心对我来说很必要	1	1	0	
	疲倦的时候，我就会去想或做一些快乐的事情	1	1	0	

续表

		总是这样	差不多是这样	从来不会这样	合计
B  黏着气质	如果不踏踏实实地把一件事情解决，我就难以展开下一步行动	1	1	0	
	我觉得自己比较单纯	1	1	0	
	我大部分时间沉着稳重、不急不躁，但偶尔也会有怒气爆发的时候	1	1	0	
	我对人和事的态度具有持续性，很难突然改变	1	1	0	
	我喜欢处于上下级关系（师兄弟、长辈晚辈等）中，这让我感到安心	1	1	0	
C  自闭气质	即便知道会对自己有利，我也不会说恭维话	1	1	0	
	比起与别人竞争，我更喜欢在自己的世界中专心致志	1	1	0	
	我不会撒谎	1	1	0	
	我不擅长应付那些冒冒失失、过分热情闯入我世界的人	1	1	0	
	比起被别人认可，更为自己得到锤炼感到高兴	1	1	0	
D  执着气质	无论做什么事，我如果不全力以赴的话就会放心不下	1	1	0	
	为了履行自己的责任，即便是勉强自己，我也会尽心尽力地去做	1	1	0	

续表

		总是这样	差不多是这样	从来不会这样	合计
	一旦开始做一件事情，我就会要求尽善尽美	1	1	0	
	对于交给自己的任务，我无法做到马马虎虎、敷衍了事	1	1	0	
	我不能接受那些不遵守规定的人	1	1	0	
E 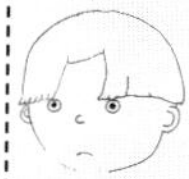 不安气质	我比较爱操心	1	1	0	
	我有些神经质（容易神经过敏）	1	1	0	
	我容易变得胡思乱想，而且容易去相信我胡思乱想出来的东西	1	1	0	
	我一旦变得不安，就会觉得有各种各样的烦心事涌上心头	1	1	0	
	一旦我对某事产生怀疑，就会开始胡思乱想，甚至妄想	1	1	0	
F  新奇气质	我会对新鲜的、性质不同的东西感兴趣	1	1	0	
	我属于容易被新奇的事物吸引的人	1	1	0	
	我的探索精神总是别人的一倍	1	1	0	
	我有性情急躁，没有耐性的一面	1	1	0	
	我属于兴趣的重点容易转移的人	1	1	0	

宗像恒次、田中京子著；杨文洁、胡文燕译

为了找回“本来的自己”

最后，向大家介绍一个为了认清“本来的自己”，可以使用的“魔法技术”——当初我为了治疗疾病所开发的咨询技法中的一种，叫作“未来自我印象法”。这个方法为很多长久以来被“生存之痛”所困扰的人带来了转变的奇迹，因此真可谓像魔法一样的技法。

我们是怎样看待现在的自己的？其实是通过自己过去的回忆（记忆）或印象来看待的。你现在看到的自己是什么模样呢？如果从你幼年时代开始，你就是以满足父母及周围人的期待为优先，并没有去实践能够满足“本来的自己”的生活方式，那么你现在所看到的自己，至少应该不会是充满了自信、熠熠生辉的自己吧？再重申一遍，这根本就不是本来的你自己的样子。

写在“未来自我印象法”开始实施之前

“未来自我印象法”是以“假设……的话”为前提开始往下进行的。

之前的章节也介绍过，人类大脑的前额叶部位（猴脑最外侧的皮质部分）是非常发达的，对于回忆过去的事情、想象死后的世界或者想象未来的生活等，其能力是相当优秀的。

在这些**想象力发挥功能的时候，脑内的神经细胞开始次第进行连接，**接着会作为信息被记忆下来。不仅是想象的时候，在实际体验了什么的时候，脑内也会发生同样的变化。总之，**对人类的大脑来说，想象也好，实际体验也罢，其带来的大脑活动都是一样的。**再说得明确一些，这两种活动对心理而言，基本上具有相同的影响力。

“未来自我印象法”就是活用了这个原理。不管实际上你经历过什么，我们都可以重新制造一个被父母无条件的爱所守护的、养育的印象，进而制造出带着这个自我印象飞向未来，充分发挥出“本来的自己”的个性和能力，形成以“满足自我的生活方式”在未来生活的自我印象。接着，把这个过程像放电影一样变为清晰的映像，让大脑记忆下来。

这样一来，就能够看见“本来的自己”。虽然其具体的印象因人而异、各不相同，但相同点是，这个印象一定与迄今为止“他者报酬追求型”的自己截然不同，而是既能够满足自己，又能够愉悦他人的“自我报酬追求型”的你，也是对自己充满自信、熠熠生辉的你。这样的姿态才是能指引你在不久的将来邂逅自己的命运爱，并与之和睦相处的“本来的自己”。这个自己是值得你去努力、去把它重新找回来的目标。

“未来自我印象法”是以明确“本来的自己”为目的，去想象在未来的时间段里，不用在意任何人，也不用担心金钱，只去专注做自己真正喜欢的事的自我印象。在制造自我印象的过程中，请一定注意以下几点：

1.在最初的几年里，请停止制造类似工作、学习、练习等需要付出绝对努力的印象，先从现实中脱离，去想象能让自己身心放松、愉悦、精力充沛、充满幸福感的几年该怎么过，就像放电影一样把这些映像在脑海里放映一遍。

当脑海里根本没办法浮现愉快场面时，要考虑以下原因：父母含辛茹苦养育自己，根本没心思允许自己去做喜欢的事，也从来没有被父母宠爱过的记忆。在这种情况下，请先制造出从100代以前的祖先开始，子孙就被自己的父母所关爱，而且这种爱的方式代代相传，直到你的父母也被祖父母充分地疼爱，他们自己过着十分满足的生活方式的印象。

2.在最初这几年里，一口气让自己充分地享受快乐与满足，接下来再去制造能让自己充满自信的印象。

3.最后，目标设定阶段的直觉闪现很重要。发挥自己的闪现功能，去尝试考虑设定迄今为止基本没有实施过的行动目标。

首先从想象练习开始，身心放松，制造出鲜明的印象

请闭上眼睛，想象在你眼前有个新鲜的柠檬，你用一把水果刀把这个柠檬从中间切成两半，然后把柠檬汁使劲儿挤入一个玻璃杯中。请观察一下，这时的果汁是什么颜色的，你闻到了什么气味。接下来，请把杯中的柠檬汁倒入口中含着，此时你口中是什么味道？如果感觉到你的口中已经有唾液在分泌的话，就说明你的印象脑（右脑）的准备已经完成了。

接下来，请开始实施“未来自我印象法”

Q1 ①请假定从你的100代以前的祖先开始，孩子就被父母无条件地关爱着，你的父母双亲也被自己的祖父母充分地爱着，过着令他们十分满足的生活方式。

②请假定你有个能为你提供5000万日元[1]资金的经济援助者，不但能照顾你的生活，还能支持你做任何你真正想做的事。

在这两个假定的基础上，从今往后，你很想去做的，能让你感到愉悦、放松、幸福，能产生旺盛精力的事情是什么？请脱离现实，做什么事都没关系，重要的是闭着眼自由地去联想那个你想做的事情的详细印象。1周、2～3周、1个月、2～3个月、半年、1年，请把在这期间具体执行的自我印象像放电影一样在脑海里放映一遍。

这样的生活持续多少年，你能感觉到十分满足的心情呢？用直觉来回答这个年数，并且在脑海里制造出这些年份当中具体的春、夏、秋、冬的印象。

制造这些印象时，请一定闭着眼在脑海里进行，完成后再睁开眼。在联想过程中，你是什么样子？现在拥有怎样的心

1　约为300万元人民币。——编注

会有怎样的品格？这就是本来的你自己。被他人无条件地关爱着，自己也能勇敢地去爱自己的话，就能成为本来的你自己。

例如，未来的自己是一个自立的、充满笑容的、优雅的女性。

Q5 从这个自信满满、精力充沛的“未来的自己”的视角，来观察一下现在的自己，你看到了一个怎样的自己？这两个自己之间有什么不同？

例如，现在的自己没有精神，对自己也没有自信。

Q6 那么，从今以后你要成为怎样的自己呢？不要思考，请用直觉来回答。

例如，想成为一个面对想做的事能充满自信地去做的自己。

Q7 为了成为这样的自己，**对于迄今为止你的一些想法和行动，你需要怎样具体的改变才好呢？**请制定能接近“本来的自己”的具体行动目标。绝对不要深入思考，脑海里浮现出“本来的自己”的印象，然后用直觉来回答。也可以参考181页针对不同气质所制定的“为了发展结婚体质的‘幸福指南’”。

为了把所有项目的执行自信度都提升到80%以上，可以从现在就能做到的小型指南开始。

幸福指南①

小型指南___执行自信度__% →小型指南___执行自信度__%

幸福指南②

小型指南___执行自信度__% →小型指南___执行自信度__%

幸福指南③

小型指南___执行自信度__% →小型指南___执行自信度__%

（*制定小型指南时，请一定考虑执行自信度能最终达到80%以上的行动目标）

Q8 如果你持续执行这个“幸福指南”中的行动目标，**你预感数年后能成为怎样的自己？**如果不能成为像Q6回答中那样的“本来的自己”，那还要再持续执行多少年才能达成呢？请用直觉来回答那个年数。接下来，请制造出按计划和时间执行了幸福指南的自我联想印象。如此一来，你能成为怎样的自己？

例如，成为一个自立的、面对想做的事能充满自信的去做的自己。

一步也好，两步也罢，为了靠近我们终于找到的“本来的自己”，请彻底地执行“幸福指南”里的行动目标。在努力接近“本来的自己”的过程中，我相信你一定能邂逅属于你的命运爱的伴侣。